国家社科基金重大项目"西方'马克思学'形成和发展、
意识形态本质及其当代走向研究"（13&ZD070）的阶段性成果
江苏省社科基金青年项目（19ZXC003）阶段性成果
2023 年南京大学哲学社会科学青年项目阶段性成果

孔智键　编著

《路德维希·费尔巴哈
和德国古典哲学的终结》
导读

江苏人民出版社

图书在版编目（CIP）数据

《路德维希·费尔巴哈和德国古典哲学的终结》导读/
孔智键编著. -- 南京：江苏人民出版社, 2023.12
（马克思主义经典著作导读系列）
ISBN 978-7-214-28486-0

Ⅰ.①路… Ⅱ.①孔… Ⅲ.①《路德维希·费尔巴哈
和德国古典哲学的终结》–恩格斯著作研究 Ⅳ.
①A811.24

中国国家版本馆CIP数据核字(2023)第198465号

书　　名　《路德维希·费尔巴哈和德国古典哲学的终结》导读
编 著 者　孔智键
责任编辑　黄　山
特约编辑　贺银垠
装帧设计　刘葶葶
责任监制　王　娟
出版发行　江苏人民出版社
地　　址　南京市湖南路1号A楼，邮编：210009
照　　排　江苏凤凰制版有限公司
印　　刷　江苏凤凰通达印刷有限公司
开　　本　890毫米×1240毫米　1/32
印　　张　5.75
字　　数　116千字
版　　次　2023年12月第1版
印　　次　2023年12月第1次印刷
标准书号　ISBN 978-7-214-28486-0
定　　价　34.00元
（江苏人民出版社图书凡印装错误可向承印厂调换）

总　序

习近平总书记指出："战略问题是一个政党、一个国家的根本性问题。战略上判断得准确，战略上谋划得科学，战略上赢得主动，党和人民事业就大有希望。……战略是从全局、长远、大势上作出判断和决策。我们是一个大党，领导的是一个大国，进行的是伟大的事业，要善于进行战略思维，善于从战略上看问题、想问题。"[1]要做好战略布局，首先必须解决"知"的问题。只有更好地"知"规律、"知"大局、"知"大势、"知"长远，才能更精准地把握人类发展大趋势、世界演变大格局、中国发展大方位，才能从全局、长远、大势上作出科学的战略谋划；反之，如果在理论思维和战略上判断失误了，那付出的代价将是不可估量的。毛泽东曾形象地阐述过这个问题："坐在指挥台上，如果什么也看不见，就不能叫领导。坐在指挥台上，只看见地平线上已经出现的大量的普遍的东西，那是平平常常的，也不能算领导。只有

---

[1] 《习近平谈治国理政》第四卷，外文出版社 2022 年版，第 31 页。

当着还没有出现大量的明显的东西的时候，当桅杆顶刚刚露出的时候，就能看出这是要发展为大量的普遍的东西，并能掌握住它，这才叫领导。"[1]

那么，如何才能更好地"知"规律、"知"大局、"知"大势、"知"长远呢？从哲学的角度看，现实是本质与现象的融合。要想透过现象把握本质，掌握历史规律，谈何容易！马克思指出："如果事物的表现形式和事物的本质会直接合而为一，一切科学就都成为多余的了。"[2] 因此，现实绝不是直接可见的，同样，历史规律也绝不是仅仅依靠"眼睛"的直观就能看透的。望远镜可以穿越自然时空，看到浩瀚宇宙，然而射程再远的望远镜也望不穿历史时空，透视历史发展的规律；放大镜可以放大微小的物什，但倍数再大的放大镜也放不出时代发展大势；显微镜可以看透微尘粒子，但再精确的显微镜也看不透世界发展潮流。要把握历史规律，看透时代大势，认清世界潮流，就必须借助理论思维的慧眼。"一个民族要想站在科学的最高峰，就一刻也不能没有理论思维。"[3] 中华民族要实现伟大复兴，也同样一刻不能没有理论思维。而要"形成和提升这方面的能力，就要全面掌握辩证唯物主义和历史唯物主义的世界观和方法论。这是领导干部练就过

---

1 《毛泽东文集》第 3 卷，人民出版社 1996 年版，第 394—395 页。

2 马克思：《资本论》第 3 卷，人民出版社 2004 年版，第 925 页。

3 《马克思恩格斯选集》第 3 卷，人民出版社 2012 年版，第 875 页。

硬本领的法宝，每个领导干部都要好好学习，全面掌握，提升能力"[1]。这也是我们党反复强调学哲学、用哲学尤其是马克思主义哲学的重要原因。

"学习理论最有效的办法是读原著、学原文、悟原理，强读强记，常学常新，往深里走、往实里走、往心里走，把自己摆进去、把职责摆进去、把工作摆进去，做到学、思、用贯通，知、信、行统一。"[2] 作为科学的世界观和方法论，马克思主义哲学是我们认识世界、把握规律、追求真理、改造世界的强大思想武器，是中国共产党人的"真经"，只有念好"真经"，把握贯穿其中的立场、观点、方法，并用其观察时代、把握时代、引领时代，才能更好地"知"规律、"知"大局、"知"大势、"知"长远，才能全面深化从理论思维向战略谋划再向实践方略的正确转化，增强未来工作的系统性、预见性、创造性，才能更好地解决中国问题，掌握未来发展的主动权。"实践告诉我们，中国共产党为什么能，中国特色社会主义为什么好，归根到底是马克思主义行，是中国化时代化的马克思主义行。"[3]

为贯彻落实习近平总书记"原原本本学习和研读经典著作，

1　习近平：《推进党的建设新的伟大工程要一以贯之》，《求是》2019 年第 19 期。
2　习近平：《坚持用马克思主义及其中国化创新理论武装全党》，《求是》2021 年第 22 期。
3　习近平：《高举中国特色社会主义伟大旗帜　为全面建设社会主义现代化国家而团结奋斗——在中国共产党第二十次全国代表大会上的报告》，人民出版社 2022 年版，第 16 页。

努力把马克思主义哲学作为自己的看家本领"和"读原著、学原文、悟原理"的重要指示精神，我们以习近平总书记在重要讲话和报告中提到或引用的马克思恩格斯经典著作为蓝本，精心策划编辑了这套高质量、普及化的插图版辅导读本，以期为党员干部和高校师生学习经典、研读经典提供读本支撑。

目录

导论 《路德维希·费尔巴哈和德国古典哲学的终结》：走进马克思主义哲学的理论之门

《路德维希·费尔巴哈和德国古典哲学的终结》（以下简称为《费尔巴哈论》）是马克思主义哲学史上非常重要的一部著作。它由恩格斯所写，最初于1886年分两期发表在德国社会民主党的理论刊物《新时代》上，后来于1888年在德国斯图加特出版了单行本，同时附上了恩格斯写的"序言"以及马克思留下的《关于费尔巴哈的提纲》。全书篇幅并不大，但内容十分丰富。恩格斯简明扼要地讲述了马克思主义哲学形成、发展和最终确立的历程，对马克思主义哲学的思想来源、本质特征、基本原理以及理论与实践价值进行了深刻的说明和系统的阐释。

《费尔巴哈论》具有很高的理论价值和实践意义，对许多马克思主义者产生了重要影响。列宁认为，恩格斯在《费尔巴哈论》和《反杜林论》中最明确、最详尽地阐述了他们的观点，它们与《共产党宣言》

一样，都是"每个觉悟工人必读的书籍"。在中国共产党的发展史上，《费尔巴哈论》同样受到了党中央的高度重视，被列为党的领导干部必读的马克思主义经典著作之一。通过恩格斯在《费尔巴哈论》中的说明，我们能够透过一个亲历者的视角回顾一个思想激荡的时代，重新审视马克思恩格斯两位伟人创立新世界观的原初历程。借助恩格斯在《费尔巴哈论》中的科学分析，我们得以立足于一个清晰的思想史坐标，来准确理解和把握马克思主义哲学的革命性地位和意义。最后，恩格斯在《费尔巴哈论》中对马克思主义哲学基本内容的阐释，再次显示了马克思主义哲学的科学性、革命性和人民性，为我们在新的历史条件下坚持和发展马克思主义，推动社会主义现代化建设伟大实践，实现中华民族伟大复兴第二个百年奋斗目标提供了科学理论指导和强有力的思想武器。

　　让我们一起跟随恩格斯的脚步，走进马克思主义哲学的理论大门吧！

一、《费尔巴哈论》的写作背景和原因

作为马克思主义三大组成部分之一，马克思主义哲学集中体现了马克思主义的科学性、革命性、人民性。它揭示了人类社会历史发展的一般规律，并且始终坚持无产阶级革命立场，是一个斗争的理论，也是一个解放的理论。在马克思主义哲学发展历程中，恩格斯所著的《费尔巴哈论》是一部十分重要的理论著作。它是 1848 年欧洲革命浪潮中工人阶级运动的精神延续，同时也为 19 世纪 80 年代之后的欧洲工人运动做好了思想准备。它的诞生是为了抵御当时包括新康德主义与新黑格尔主义等在内的各种非马克思主义思潮对工人阶级运动的入侵，强化欧洲工人们对马克思主义基本理论的理解和掌握。而恩格斯写作《费尔巴哈论》的直接动因，是要对丹麦学者卡尔·尼古拉斯·施达克所写的《路德维希·费尔巴哈》

弗里德里希·恩格斯（1820—1895），德国思想家、哲学家、革命家、教育家、军事理论家

中文版《路德维希·费尔巴哈和德国古典哲学的终结》单行本

进行批判性评论。

1.《费尔巴哈论》诞生的背景和直接原因

可以说，《费尔巴哈论》既是一份应时之作，也是一份"迟到的说明"。它要强力回击当时开始流行的对唯物主义哲学的污蔑和攻击，说清楚马克思主义哲学与德国古典哲学的思想渊源，厘清两者的联系与区别，继而清除新康德主义等思潮对工人运动的消极影响，阐明马克思主义哲学的革命意义。

首先，写作和出版《费尔巴哈论》是为了清除当时工人运动中存在的消极、反动思潮的影响。19 世纪 80 年代是资本主义平稳发展的一段时期，许多资产阶级国家政府采取了一些改良措施来缓和阶级矛盾。在这段时间里，欧洲工人运动迎来了短暂的发展机会，许多国家出现了具有社会主义性质的工人政党，马克思主义也在欧洲乃至世界范围内获得广泛传播。正如恩格斯在 1888 年单行本序言中所说："马克思的世界观远在德国和欧洲境界以外，在世界的一切文明语言中都找到了拥护者。"[1] 但值得注意的是，在英国、德国和欧洲其他国家，一些具有"左"倾机会

---

[1]　《马克思恩格斯选集》第 4 卷，人民出版社 2012 年版，第 218 页。

主义或右倾投降主义色彩的学说也悄然兴起，在部分
工人群体中找到了支持者，对工人运动产生了消极影
响。恩格斯敏锐地发现了这些趋势，并坚决予以回应，
对包括英国工联主义海德门派、法国可能派和德国讲
坛社会主义等思潮都进行了理论批判。

与上述现象呼应的是，在德国乃至欧洲的思想界
出现了德国古典哲学的反动回归。1848 年欧洲革命
之后，原本作为普鲁士政府官方哲学的老年黑格尔派
被放弃。随之而来的是各家学说"你方唱罢我登场"，
整个德国理论界处于极度混乱的状态，包括折中主义
在内的各种德国古典哲学的"残羹冷炙"甚嚣尘上。
这些反动思潮竭力扭曲、贬低和攻击马克思主义，把
马克思主义简化为仅仅是黑格尔唯心主义辩证法和费
尔巴哈机械唯物主义的结合体，以此来贬低、否认马

1886 年 5 月美国芝加哥工人示威游行

1888 年 8 月巴黎工人与警察搏斗

克思主义的科学性和革命性，阻碍了马克思主义在工人阶级中的传播，对工人运动造成了严重的消极影响。恩格斯写作《费尔巴哈论》正是为了正本清源，回击资产阶级对马克思主义的无耻诽谤，说明马克思主义哲学的基本立场、观点和方法，捍卫作为工人阶级世界观的马克思主义。而在这些反动思潮中，新康德主义影响力最大。

新康德主义兴起于 19 世纪 60 年代，并在七八十年代风行于德国大学讲坛。虽然其内部有许多派别，在一些问题上存在争论，但总体看来，都主张"回到康德那里去"。他们完全无视康德哲学中的唯物主义要素，紧紧抓住康德哲学中的主观主义与不可知论的要素，尤其将康德哲学中的"自在之物"奉为至宝。对此，恩格斯指出："这种新康德主义的最终结论就

是永远不可知的自在之物，也就是康德哲学中
最不值得保存下来的部分。"[1] 例如，新康德
主义代表人物奥托·李普曼在他的代表作《康
德及其模仿者》一书中将康德之后的全部哲
学视为"模仿的东西"加以拒斥。唯物主义自
然不能"幸免"，它被简单地看作一种肮脏、
卑鄙、狭隘的利己主义而被加以拒斥。再例如，
弗里德里希·阿尔伯特·朗格在《唯物主义史》
中批评唯物主义是一种矫揉造作的东西，在
认识论上也是一种独断的、机械的反映："不
管怎样明确地指出意识完全依赖于物质的变
化，外部运动对感觉的关系仍是无法理解的。
对此，所作的说明越多，所暴露出来的矛盾也
越多。"[2] 而文德尔班攻击费尔巴哈是德国唯
心主义迷路的儿子，他从唯心主义转向唯物主
义是一场悲剧。

奥托·李普曼（1840
—1912），德国新康
德主义哲学家

德文版《康德及其
模仿者》扉页

　　在社会理论和政治立场上，新康德主义一方面严
格区分了社会领域和自然领域，认为规律只存在于自
然界中，在社会中并不存在普遍的规律，因而只能对
个别事件进行主观评价。另一方面，他们否认历史唯
物主义和社会革命论，提出了一种"伦理社会主义"，

1　《马克思恩格斯选集》第3卷，人民出版社2012年版，第875页。
2　转引自刘放桐等《新编现代西方哲学》，人民出版社2000年版，
　　第68页。

弗里德里希·阿尔
伯特·朗格（1828—
1875），德国新康德
主义哲学家

《唯物主义史》封面

主张用抽象的、遥不可及的道德理想引领社会进步，反对革命的科学社会主义，依据庸俗、机械的进化论取消工人阶级革命。由此看来，必须对新康德主义的思想和理论予以反击，将其消极影响从当时德国的工人阶级革命运动中彻底清除出去，重新恢复马克思主义的科学性和权威性。

其次，为了推动欧洲工人运动的发展，必须厘清马克思主义哲学与德国古典哲学的关系。在马克思恩格斯创立新世界观的过程中，德国古典哲学扮演着十分重要的角色。正是在批判性地吸收和借鉴黑格尔、费尔巴哈等德国古典哲学家思想的基础之上，马克思恩格斯完成了哲学史上的革命。马克思和恩格斯从不避讳这一点。早在19世纪40年代，他们就打算共同阐明与德国哲学的意识形态的见解的对立，把他们"从前的哲学信仰清算一下"[1]，全面系统地说明他们是如何从黑格尔哲学出发，经过费尔巴哈的中介，创立哲学新世界观的过程，其结果是并未真正完成的《德意志意识形态》。

《德意志意识形态》是马克思与恩格斯合著的作

1　《马克思恩格斯选集》第4卷，人民出版社2012年版，第217页。

品，写于 1845 年秋至 1846 年 5 月。在该书中，两人首次较为系统地论述了历史唯物主义的基本观点，既批判了青年黑格尔派的唯心主义基本哲学立场，揭露了它激进外表下的保守本质，也对他们曾经高度赞扬的费尔巴哈哲学进行了科学的剖析，初步阐释了马克思恩格斯的新世界观与德国古典哲学的关系。可惜的是，《德意志意识形态》并没有能够公开发表，直到 20 世纪 30 年代才被人们发现。所以在相当长的时间内，人们并不知道《德意志意识形态》的存在，也不完全清楚马克思主义哲学与费尔巴哈唯物主义的本质区别。在此之后，马克思恩格斯虽然分别在《〈政治经济学批判〉序言》、《资本论》第二版跋、《反杜林论》和《自然辩证法》中对他们和德

威廉·文德尔班（1848—1915），德国新康德主义哲学家，弗赖堡学派的创始人

《哲学史教程》封面

中文版《德意志意识形态》（节选本）

国古典哲学的关系作出某些方面的说明，但都谈不上系统和全面，所以马克思恩格斯一直寻求一次机会回应上述问题，还上这份"信誉债"。

可以理解，当恩格斯有机会写一篇有关费尔巴哈的书评时，他当然会欣然接受。他说："我感到越来越有必

要把我们同黑格尔哲学的关系，我们怎样从这一哲学出发又怎样同它脱离，作一个简要而又系统的阐述。"[1]这既是恩格斯和马克思两人的长期愿望，也是面对各方思潮攻击的必要之举。

最后，《费尔巴哈论》出版的直接原因是为了回应丹麦学者卡尔·尼古拉斯·施达克所写的《路德维希·费尔巴哈》。

施达克是丹麦著名哲学家和社会学家，1883 年在哥本哈根大学获得哲学博士学位，其博士论文正是以费尔巴哈为研究对象。《路德维希·费尔巴哈》出版于 1885 年，主要阐述了费尔巴哈个人的哲学思想。通过对哲学史的考察，施达克将费尔巴哈放在了自康德以来的哲学发展脉络之中，并且从思维与存在的关系角度解读和分析了费尔巴哈哲学，在当时产生了较大影响。然而，与我们通常将费尔巴哈理解为一名唯物主义哲学家不一样，施达克将费尔巴哈解读为一名唯心主义者。究其原因有两个：一方面，他同当时大部分人一样采用了错误的标准去划分唯物主义和唯心主义。在他看来，唯物主义指的是一种追求满足粗

卡尔·尼古拉斯·施达克（1858—1926），丹麦哲学家、社会学家

《路德维希·费尔巴哈》扉页

---

[1]　《马克思恩格斯选集》第 4 卷，人民出版社 2012 年版，第 218 页。

俗物欲的活动的理论体系，这是当时普遍存在
的对唯物主义的肤浅的庸俗化解释，甚至费
尔巴哈自己也明确表示过自己并不是一位"唯
物主义者"。费尔巴哈承认唯物主义是人的本
质和人类知识大厦的基础，但不是大厦本身。
他说："向后退时，我同唯物主义者完全一致；
但是往前进时就不一致了。"[1] 与之相反，唯
心主义则被当作坚决摒弃物质享乐，追求某种
道德理想，或相信人类进步的一种哲学。基于
这种理解，费尔巴哈既相信人类进步，也鼓励
人们相信爱与同情、追求幸福，自然是站在唯
心主义立场的。另一方面，将费尔巴哈看作唯
心主义者也是施达克不得已而为之的理论策
略。施达克是认同费尔巴哈哲学的，并且是力
图为之辩护的。在当时的德国学界，新康德主义等各
种唯心主义思潮都激烈地批评费尔巴哈哲学的唯物主
义立场。施达克的上述做法，目的就在于回避这些唯
心主义的攻击，有意掩盖费尔巴哈的唯物主义立场，
将费尔巴哈对黑格尔唯心主义哲学的批判解释为唯心
主义阵营内部之争，而非基本哲学立场之差别。施达
克为掩护费尔巴哈而释放的"烟幕弹"，却造成了人

1888 年的恩格斯，
拍摄于伦敦

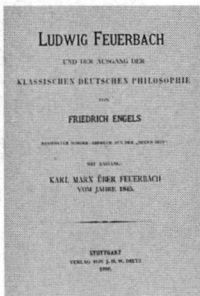

1888 年斯图加特出
版的《路德维希·费
尔巴哈和德国古典
哲学的终结》扉页

1　转引自《马克思恩格斯选集》第 4 卷，人民出版社 2012 年版，
　　第 234 页。

们对马克思主义哲学唯物主义性质理解上的困惑。

鉴于马克思恩格斯与费尔巴哈之间重要的思想联系，对费尔巴哈唯物主义的误解和攻击必然会损害马克思和恩格斯思想的名声，造成工人运动的思想混乱，破坏他们对马克思主义的理解和接受。所以恩格斯果断答应了德国社会民主党《新时代》杂志的邀请，写下了《费尔巴哈论》，分别发表在1886年的第四、五期上。

由此来看，不论是在理论上，还是在实践上，都很有必要厘清唯物主义与唯心主义的本质差异，说明马克思主义哲学与德国古典哲学的关系，清除工人运动中的反动思想造成的消极影响。这些因素共同构成了恩格斯写作《费尔巴哈论》的重要动因。

2.1848年欧洲革命与工人运动发展

在《费尔巴哈论》开篇，恩格斯向我们指出与眼前这部作品联系紧密的一段历史时期，一个被他称为"终究是德国准备1848年革命的时期"，而德国以后所发生的一切，"仅仅是1848年的继续，仅仅是革命遗嘱的执行罢了。"[1] 所以，为什么会发生1848

---

1 《马克思恩格斯选集》第4卷，人民出版社2012年版，第220页。

1847 年英国工商业危机

年革命？1848 年德国革命究竟发生了什么？马克思和恩格斯又是如何看待这场革命的呢？

在 1848 年革命爆发之前，欧洲几个主要的资本主义国家内部已经矛盾重重。经济方面，当时许多国家的资本主义正处于发展上升期，开始进入自由资本主义的新阶段。新兴的资本主义制度与保守落后的封建主义经济制度的矛盾，不可避免地日益尖锐。与此同时，正如恩格斯指出的那样："1846 年和 1847 年工商业的不景气和农业的歉收引起了 1848 年的革命。"[1] 资本主义经济危机进一步加剧了社会矛盾。从 1825 年第一场具有国际性质的经济危机爆发之后，资本主义经济危机就周期性地出现了。在 19 世纪 40 年代中期，欧洲出现了严重的干旱，1845 年至 1846 年，

1　《马克思恩格斯全集》第 8 卷，人民出版社 1961 年版，第 255 页。

马铃薯和其他农作物出现了病虫害导致歉收，加剧了粮食危机。在这种情况下，粮食商人和贸易所大肆搞投机交易，造成物价急剧上涨。1847 年 4 月，英国的工商业危机爆发，随即波及欧洲大陆，引发工业生产危机，并在同年 10 月达到顶点。

德国柏林也出现了"土豆革命"。人们不满于作为主要口粮之一的土豆价格上涨，冲进商店抢劫土豆和其他食品等生活必需品。马克思在《资本论》中曾分析道："1847 年危机的主要原因，是市场商品的惊人过剩和东印度贸易上的无限度的欺诈。但是还有别的情况促使有关部门的一些十分富有的商行遭到破产"[1]。1847 年的这次经济危机和粮食危机，造成底层人民苦不堪言，生活愈加困顿，基本生存都成了问题。

政治方面，欧洲封建专制主义的压迫引起了广泛和激烈的反抗。法国虽然经历了 1789 年大革命的洗礼，但封建势力依旧顽固，历经三次君主制复辟。资产阶级共和派和封建势力的斗争越来越激烈。加之此时的法国奥尔良王朝在内政外交上的一系列措施令人失望，法国人民的不满情绪蔓延，建立民主共和国的呼声越来越高。1847 年，资产阶级共和派展开宴会

1　《马克思恩格斯文集》第 7 卷，人民出版社 2009 年版，第 551 页。

运动，抨击奥尔良王朝，提出改革议会制度和选举制度，吸引了众多的参与者，革命一触即发。

而意大利和德国此时都处于封建割据的状态，没有统一的市场、货币和关税，不利于资本主义工商业的进一步发展。在这样的情况下，包括资本主义工商业者在内的民众呼吁形成一部宪法和拥有实权的议会来保障自身权益，阶级矛盾同样愈发尖锐。

与此同时，欧洲的工人阶级愈发成熟，力量越来越强大。较之17世纪的英国革命和18世纪的法国革命，此时的工人阶级初步经过了社会主义思想的熏陶，革命的自我意识在逐渐觉醒，不再愿意仅仅充当资产阶级反对封建地主阶级的跟随者。

革命首先开始于意大利。1848年1月，意大利西西里岛的巴勒莫爆发人民起义，随后法国巴黎爆发二

法国二月革命

月革命，并迅速向外传播。到了3月，奥地利维也纳、匈牙利布达佩斯、德国柏林、意大利米兰先后出现了起义斗争。这场连锁反应式的革命浪潮席卷欧洲，波及18个国家。其中，法国和德国成为这场革命风暴的中心，这两个国家的革命运动斗争最为激烈，过程十分曲折，革命的影响也最为重大。

1848年2月，法国爆发了二月革命，"七月王朝"被推翻，资产阶级临时政府成立。马克思指出，这次革命"对于旧社会是一个突然袭击，是一个**意外事件**，而人民则把这个突然的**打击**宣布为具有世界历史意义的壮举，认为它开辟了一个新纪元"[1]。二月革命后，临时政府于5月4日召开国民议会。巴黎的无产阶级敏锐地发现了资产阶级将二月革命胜利果实占

法国六月起义

---

1 《马克思恩格斯选集》第1卷，人民出版社2012年版，第671—672页。

为己有的卑鄙伎俩，于是企图强力解散国民议会。然而，这一计划失利，不得不在 6 月 22 日发动了六月起义。起义遭到资产阶级共和派领导的各个阶级的联合镇压，宣告失败。同月，德国柏林工人和革命群众也向反动势力宣战，攻占了机械库，夺取武器武装自己。8 月下旬，匈牙利爆发了声势浩大的工人游行。这

1848 年 3 月马克思在布鲁塞尔被监禁的监狱

一系列斗争深深地震撼了欧洲资产阶级政府，随即遭到无情镇压，革命形势开始消减。从 1848 年 10 月开始，奥地利和匈牙利的革命在内外夹击的不利情况下先后遭遇失败。1849 年 9 月，匈牙利军队守卫的科马罗要塞失守。这场轰轰烈烈的欧洲革命最终宣告失败。

马克思恩格斯非常重视这场革命，并积极参与其中。一方面，他们积极投身工人运动的组织工作当中。例如，马克思曾到维也纳同其他欧洲工人组织和民主团体领导人讨论革命运动的发展问题，在第一届维也纳工人联合会上作关于西欧社会关系、工人阶级作用以及雇佣劳动与资本的报告。另一方面，马克思在科隆创办了《新莱茵报》。他和恩格斯将《新莱茵报》作为舆论阵地，发表了多篇文章声援巴黎工人艰苦卓绝的斗争，分析讨论德国革命形势的发展，指导德国工人阶级和广大群众开展轰轰烈烈的反对封建专制制度的斗争，并揭露了资产阶级的背叛行径，支持各国

1849 年 5 月，恩格斯指挥工人在埃尔伯费尔德构筑街垒

人民的义举。《新莱茵报》实际上成为共产主义者同盟在革命期间的领导中心。

　　在这些文章中，马克思和恩格斯首先分析了德国 1848 年革命的进步意义和保守性。一方面，对于德国自身而言，1848 年革命毫无疑问推动了德国资本主义发展。恩格斯指出："以手工劳动为基础的小手工业和工场手工业已经为真正的大工业所代替；德国重新出现在世界市场上；新的小德意志帝国至少排除了由小邦分立、封建残余和官僚制度造成的阻碍这一发展的最显著的弊病。"[1] 另一方面，较之 1648 年英国革命和 1789 年法国大革命，德国这场革命并没有显示出新的历史意义。马克思指出，在前两次革

1　《马克思恩格斯选集》第 4 卷，人民出版社 2012 年版，第264 页。

1848 年 6 月 1 日，马克思担任主编的《新莱茵报》在科隆出版。它是最早的马克思主义报纸，是德国和欧洲无产阶级革命民主派机关报。马克思任主编，编委有恩格斯、沃尔弗和共产主义者同盟成员。马克思和恩格斯为报纸写了 400 多篇文章，近 80 万字，许多重要文章和社论由马克思执笔。由于普鲁士政府疯狂迫害，该报出至 301 期，于 1849 年 5 月 19 日被迫停刊。上图左为为《新莱茵报》创刊号，上图右为《新莱茵报》终刊号，下图为马克思恩格斯在《新莱茵报》上发表的部分文章

命中，"**资产阶级的胜利**意味着**新社会制度的胜利**，资产阶级所有制对封建所有制的胜利，民族对地方主义的胜利，竞争对行会制度的胜利，遗产分割制对长子继承制的胜利，土地所有者支配土地对土地所有者隶属于土地的胜利，启蒙运动对迷信的胜利，家庭对宗族的胜利，勤劳对游手好闲的胜利，资产阶级权利对中世纪特权的胜利"[1]反观德国，马克思认为："三月革命决不是**欧洲的革命**，它不过是欧洲革命在一个落后国家里的微弱的回声。它不仅没有超过自己的世纪，反而比自己的世纪落后了半个世纪以上。……它不是要建立一个新社会，而是要在柏林复活那种早已在巴黎死亡了的社会。普鲁士的三月革命甚至不是**民族的、德意志的**革命，它一开始就是**普鲁士地方性的革命。**"[2]

其次，马克思和恩格斯尖锐地批评了德国资产阶级的软弱性。在他们看来，德国资产阶级是以奴婢的身份出现的，并为自己暴君的利益而实行反革命。在德国的革命运动过程中，"这个阶级永远摇摆在两者之间：既希望跻身于较富有的阶级的行列，又惧怕堕入无产者甚至乞丐的境地；既希望参与对公共事务

1　《马克思恩格斯选集》第 1 卷，人民出版社 2012 年版，第442 页。
2　《马克思恩格斯选集》第 1 卷，人民出版社 2012 年版，第442—443 页。

的领导以增进自己的利益，又唯恐不合时宜的对抗行为会触怒主宰着他们的生存的政府，因为政府有权力使他们失掉最好的主顾；他们拥有的财产很少，而财产的稳固程度是与财产的数额成正比的，因此，这一阶级的观点是极端动摇的。它在强有力的封建制或君主制政府面前卑躬屈膝，百依百顺，但当资产阶级得势的时候，它就转到自由主义方面来；一旦资产阶级获得了统治权，它就陷入强烈的民主主义狂热，但当低于它的那个阶级——无产阶级企图展开独立的运动时，它马上就变得意气消沉，忧虑重重"[1]。

最后，马克思和恩格斯指明了无产阶级将真正作为革命的力量登上历史舞台。在法国的二月革命和六月起义中，工人阶级表现出巨大的革命勇气。尤其是在六月起义时，工人阶级已经自觉反抗资产阶级临时政府，喊出了"民主和社会主义共和国万岁"的口号，使革命的性质由资产阶级民主革命变为无产阶级社会主义革命。同时，无产阶级革命组织和政党在革命过程中提出了自己的纲领和策略。这些都显示了欧洲工人力量的增长和阶级意识的觉醒，以及对科学理论的需要越来越迫切。

在法国，布朗基的"中央共和社"，拉斯拜尔的

1　《马克思恩格斯选集》第1卷，人民出版社2012年版，第570页。

路易·奥古斯特·布朗
基(1805—1881)，法国社
会主义者和政治活动家

拉斯拜尔(1794—1878)，
法国民主主义者和自然
科学家

"人民之友俱乐部"，沙瓦利的"兄弟会"等团体，都对工人运动起到了组织领导作用，提出了独立的主张，要求解决一系列与工人阶级切身利益相关的社会问题。

在德国，1848 年革命的确部分扫除了资本主义发展的障碍，但也抛弃了德国人引以为豪的理论兴趣，科学的官方代表变成毫无掩饰的资产阶级和现存国家的意识形态家。在这种情况下，德国工人阶级延续了德国人的理论兴趣，成为德国古典哲学的继承者。

所以，恩格斯指出："正像大部分有产阶级（大封建地主除外）团结在立宪反对派的旗帜周围一样，大城市的工人阶级把社会主义和共产主义的学说当做自己解放的手段，虽然在当时的新闻出版法之下，关于这些学说他们所能知道的只是很少一点。当时也不能希望他们对于自身的需要有很明确的认识；他们只知道，立宪派资产阶级的纲领不包含他们所需要的一切，他们的需要决不局限在立宪思想的范围之内。"[1] 1848 年革命虽然失败了，但新的革命时代开启了。正是在这场革命之后，德国的工人阶级开始接受、支持社会主义和共产主义理论学说，开始意识到必须要用科学的理论武装自己，拥抱马克思主义。所以，恩格斯说，德国之后发生的事情是 1848 年革命的继续，是革命遗嘱的执行。

1　《马克思恩格斯选集》第 1 卷，人民出版社 2012 年版，第 582 页。

二、《费尔巴哈论》的出版和传播

作为马克思主义经典著作之一，《费尔巴哈论》甫一出版就得到了欧洲许多工人组织的关注，相关的出版和译介工作很快就展开，并陆续出现了许多版本，有力地推动了马克思主义在世界范围内的传播。在中国，《费尔巴哈论》也是较早被引入的马克思恩格斯经典著作，受到了广泛的重视。

1.《费尔巴哈论》在国外的出版和传播

我们已经知道，恩格斯主要是应德国社会民主党的理论刊物《新时代》之邀，对施达克的《路德维希·费尔巴哈》进行评论从而写了《费尔巴哈论》，分成两期在《新时代》上发表。

《新时代》杂志是国际共产主义运动中非常重要的理论刊物，与马克思主义的发展也渊源颇深。它的全称是《新时代，精神生活和社会生活评论》，由卡尔·考茨基于1883年1月在斯图加特创刊，狄茨出

版社出版。由于德国俾斯麦政府在 1878 年颁布了镇
压社会主义运动和工人政党的《反社会党人非常法》
（全称《反对社会民主党企图危害治安的法令》），
该杂志的创刊过程颇为艰辛。1882 年底，考茨基曾
邀请马克思和恩格斯为该刊撰写文章，但两人因事务
繁忙而婉拒了考茨基的邀请（当时马克思正忙于《资
本论》的写作，恩格斯也正在写《自然辩证法》）。
不过，恩格斯始终非常关心刊物的创办，并给予了许
多帮助。他始终把《新时代》看成"一个极其值得掌
握住的堡垒"[1]。从 1885 年至 1895 年，恩格斯在这

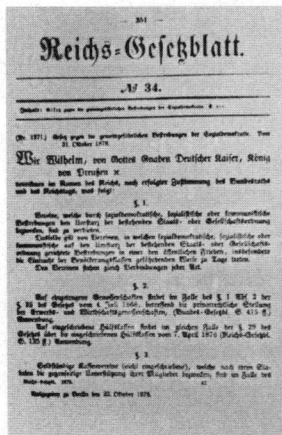

1878 年 10 月 22 日《帝国法律报》
刊载的《反社会党人非常法》

1883 年《新时代》杂志创刊

1　《马克思恩格斯全集》第 37 卷，人民出版社 1971 年版，第
375 页。

Die Neue Zeit.

Zur Geschichte des Urchristenthums.

Von Friedrich Engels.

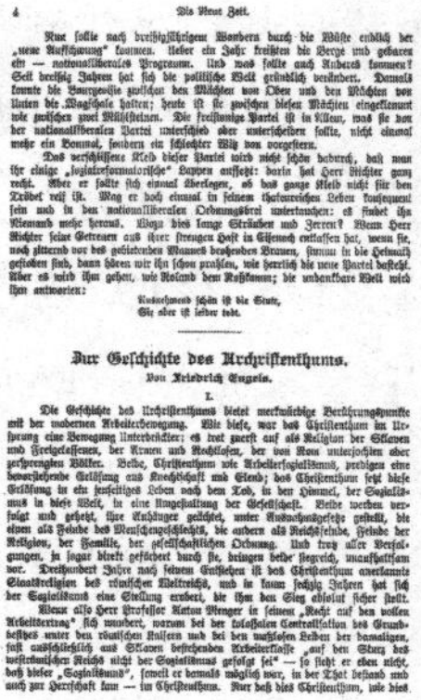

1895 年《新时代》刊登了恩格斯的《论早期基督教的历史》

Die Neue Zeit.

Nr. 18. IX. Jahrgang, I. Band. 1890-91.

Zur Kritik des sozialdemokratischen Parteiprogramms.

Aus dem Nachlaß von Karl Marx.

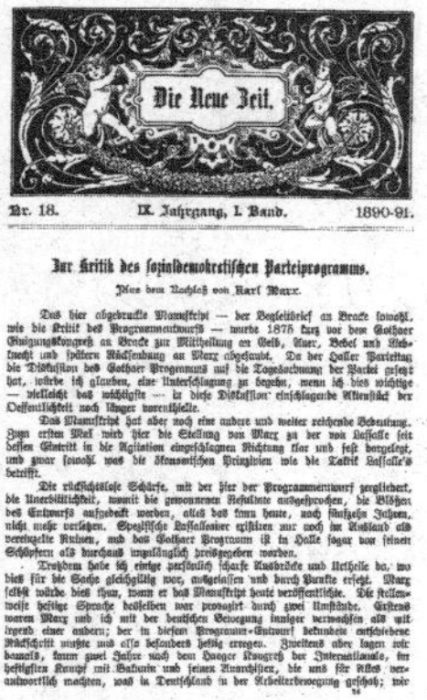

1891 年《新时代》刊登了马克思的《哥达纲领批判》

个杂志上发表了多篇文章，包括《费尔巴哈论》《论早期基督教的历史》等。马克思写作于 1875 年的《哥达纲领批判》也于 1891 年在《新时代》上发表。

1888 年，《费尔巴哈论》以单行本的方式在斯

Ludwig Feuerbach und der Ausgang der klassischen deutschen Philosophie.

Von Friedrich Engels.

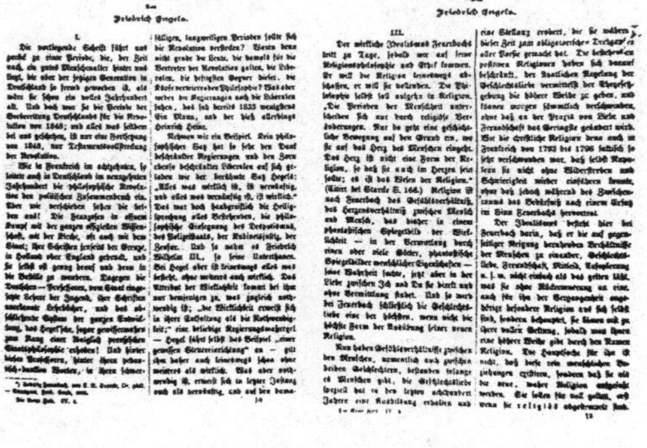

1886 年《新时代》刊登的《路德维希·费尔巴哈和德国古典哲学的终结》

图加特出版。其中含有恩格斯所写的"序言"，以及以附录形式发表的《关于费尔巴哈的提纲》。俄国知识界较早注意到了这本小册子，次年，《费尔巴哈论》的俄译文分两期发表在圣彼得堡的杂志《北方通报》上，标题是《德国古典唯心主义哲学的危机》。这个版本并没有显示作者的姓名，译者为格·弗·李沃维奇。

劳拉·拉法格（1845—1911），即马克思的次女珍妮·劳拉·马克思，法国和国际工人运动的著名活动家，杰出的马克思主义思想家和宣传家

1890年，《费尔巴哈论》波兰文译本出版。1892年，俄文全译本发表；同年，葡萄牙文译本和保加利亚文译本出版。1894年，由劳拉·拉法格翻译的法文版《费尔巴哈论》在巴黎发表，分两期

格奥尔基·瓦连京诺维奇·普列汉诺夫（1856—1918），俄国革命家、马克思主义理论家。他是俄国第一位马克思主义者，也是俄国社会民主主义运动的开创者之一

刊登在法国社会主义月刊《新纪元》上。这个版本是经过恩格斯审阅的，并且他还在致考茨基的信中高度评价了这个法文版。他说："劳拉·拉法格正在把我的《费尔巴哈》译成法文供《新纪元》发表和以后出单行本，狄茨知道这件事定很高兴。前一半我已看过。她的译文忠实而流畅。"[1]

值得一说的是《费尔巴哈论》

1　《马克思恩格斯全集》第39卷，人民出版社1974年版，第190页。

全译本在俄国的出版情况。1892 年，劳动解放社全
文发表了由普列汉诺夫翻译的俄文单行本，其中还包
括了他所写的"译者的话"和注释。劳动解放社是俄
国第一个马克思主义团体，成立于 1883 年，由普列
汉诺夫、查苏利奇、阿克雪里罗得等人在日内瓦创立。
该团体的宗旨为在俄国传播马克思主义，与其他形形
色色的非马克思主义思潮进行理论斗争。翻译和出版
马克思恩格斯经典著作是该团体重要的理论任务，用
普列汉诺夫的话说就是："（1）把马克思和恩格斯
学派最重要的著作以及适合不同修养程度的读者的

杰出著作译成俄文，
用这种方法来传播科
学社会主义思想。
（2）批判在我们革
命者中间占统治地位
的学说，并且从科学
社会主义和俄国劳动

图为劳动解放社主
要代表人物，从左
至右依次为：查苏
利奇、普列汉诺夫、
捷依奇和阿克雪里
罗得

居民的利益的观点来阐释俄国社会生活中最重要的问
题。"[1]《费尔巴哈论》简明扼要的叙述风格，对马
克思主义哲学历史发展过程的梳理和把握，以及书中
关于马克思主义基本原理的阐述，使得此书无疑成为

1　[苏]列·阿·列文：《马克思恩格斯著作的发表和出版》，
　　周维译，生活·读书·新知三联书店 1976 年版，第 133—134 页。

劳动解放社最佳的选择之一，非常适用于向不同的人群宣传科学社会主义。普列汉诺夫翻译的这个版本正是作为劳动解放社"现代社会主义丛书"系列出版物之一出版的，主要目的就是向大众宣传和普及科学社会主义思想。它也成为后来俄文译本参考的基础。

在"译者的话"中，普列汉诺夫强调《费尔巴哈论》集中显示了马克思和恩格斯哲学的核心观点，其价值对于当时的俄国读者来说尤为巨大，因为唯心主义依旧占据着俄国社会生活的主要方面，而俄国的社会主义革命要想成功，必须首先在基本哲学立场上完成转变，彻底批判形形色色的唯心主义，清除哲学上的反动派。

在 1905—1907 年俄国革命期间，包含《费尔巴哈论》在内的马克思主义经典著作的出版与普及迎来了快速发展的契机。当时的俄国政府在革命群众的压力之下，不得不开放了马克思主义著作的出版。一时间，各种马克思主义作品的小册子在俄国广泛传播，产生了重大而深远的影响。孟什维克借此机会，于1905 年出版了第二版《费尔巴哈论》，收录于"科学社会主义丛书"中，译者依旧是普列汉诺夫。普列汉诺夫写了篇幅更长的新序言，并增加了许多注释。但透过新的序言和注释，我们能看到，普列汉诺夫在理论上逐渐偏离马克思主义基本立场，犯了一系列严重错误。例如，他以斯宾诺莎主义解释马克思恩格斯

《马克思恩格斯全集》俄文版第二版

的唯物主义，并攻击了布尔什维克和列宁的学说。

　　十月革命之后，苏联成立了专门负责搜集、保存、研究马克思、恩格斯和列宁著作的马克思恩格斯列宁研究院，这使得马克思主义文献研究有了坚实的组织基础和较为充分的物质保障。在 1933 年出版的《马克思恩格斯文选》中，《费尔巴哈论》被收录在第一卷中。而内容翻译最准确的版本是 1948 年由苏联国家政治书籍出版社出版的《费尔巴哈和德国古典哲学的终结》。这个版本是在重新校订和修改普列汉诺夫译文的基础上完成的。在两版俄文版《马克思恩格斯全集》中，《费尔巴哈论》分别被收录在第 14 卷和第 21 卷。

　　除此之外，版本较多的还有英译本《费尔巴哈论》。最早的英译本是由奥斯丁·刘

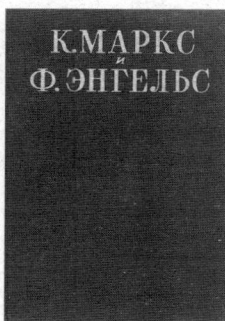

《马克思恩格斯全集》俄文版第一版封面

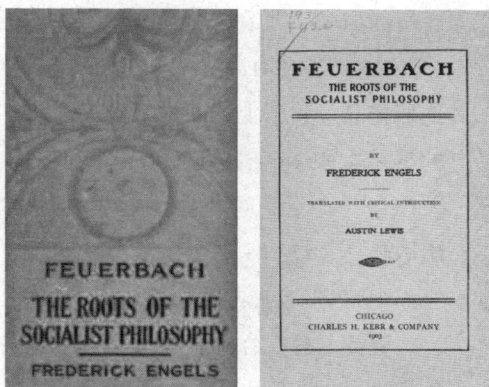

1903 年英译版《费尔巴哈论》刘易斯译本封面和扉页

易斯翻译，于 1903 年在美国芝加哥出版。此时翻译的书名是《费尔巴哈：社会主义哲学的根源》，这与原本的书名有比较大的差异。这个版本还在 1912 年、1916 年和 1919 年由同一个出版社三次再版，其中 1919 年的版本附上了刘易斯写的导言。在导言中，刘易斯指出，《费尔巴哈论》"这部著作是恩格斯对于达到他们哲学结论的方法之证明；是共同奠定社会主义的理论家对于近代社会主义的哲学基础之阐发；它又是一个老年人对于其平生研究的案件之最后评判。因为这样简短的著作，却代表着四十年间孤心苦诣努力的缘故"[1]。1934 年，杜德编辑的《费尔巴哈论》

1　[德]恩格斯：《费尔巴哈论（英汉合璧）》，青骊译，上海社会主义研究社 1932 年版，第 10 页。

在纽约出版。此后，纽约国际出版社还分别在 1935 年、1941 年与 1979 年多次再版了这部作品。除了上述两个版本，拉斯克编辑的英译本 1946 年在莫斯科出版，次年在伦敦出版。此后，这个版本在莫斯科由进步出版社于 1950 年、1969 年、1973 年、1978 年和 1987 年多次再版。

除此之外，在英文版《马克思恩格斯全集》中，《费尔巴哈论》被收录在第 26 卷。在《马克思恩格斯全集》的德文版和日文版中，《费尔巴哈论》被收录在第 21 卷。而在作为目前国际上最权威的译本《马克思恩格斯全集》历史考证版第二版，即 *MEGA2* 中，《费尔巴哈论》的正文和恩格斯写的序言分别被安排在了

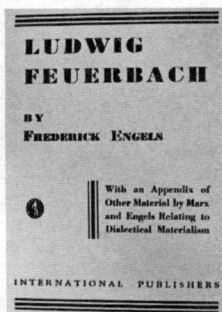

杜德编辑版《费尔巴哈论》，纽约国际出版社，1935 年版和 1941 年版封面

第 1 部分的第 30 卷和第 31 卷，主要是由俄国和法国的学者负责编辑。

这些不同语种译本的出版和传播，无疑加强了《费尔巴哈论》在世界范围内的影响，有力推动了马克思主义的传播和工人运动的发展。

拉斯克编辑版《费尔巴哈论》，莫斯科出版社，1950 年版封面

《马克思恩格斯全集》历史考证版第二版

2.《费尔巴哈论》在中国的出版和传播

《费尔巴哈论》在中国的出版和传播，离不开中国人民对马克思主义的认识、认同和接受。历史地看，救亡图存是近代中国的历史主题。自维新变法之后，开眼看世界、学习西方便是大批志士仁人的共识。他们通过组织学会、建立书局、创刊建报和译介国外图书等途径，接触、了解到大量西方思潮，其中就包括社会主义思想。

与此同时，中国的民族工业在第一次世界大战期间长足发展，工人阶级日益壮大，工人斗争的规模和方式也在不断发展。就如毛泽东所言："中国工人阶级，自第一次世界大战以来，就开始以自觉的姿态，为中国的独立、解放而斗争。"[1]中国工人阶级队伍

1　《毛泽东选集》第3卷，人民出版社1991年版，第1081页。

新青年丛书第一种

英国
克卡镕原著
英国
李国珣增订
元培　译
序

社會主義史

社會主義研究小丛书第二种

朱丽倩　译
薛庆华

馬格斯資本論入門

新青年丛书第六种

德国
柯祖基著
恽代英译

階級爭鬥

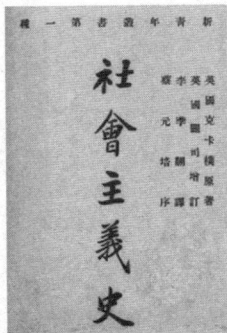

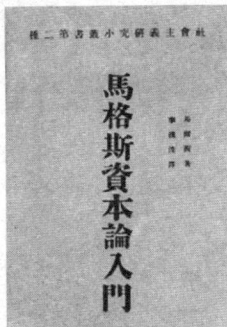

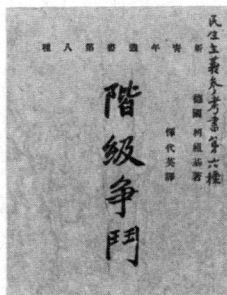

部分宣传社会主义和
马克思主义的译著

的壮大和发展，工人阶级革命意识的日益觉
醒，为马克思列宁主义在中国的传播提供了
必要的阶级基础和社会环境。

于是，1917 年"十月革命一声炮响，
给我们送来了马克思列宁主义"[1]。在十月
革命的鼓舞之下，李大钊等人很快研究并开
始接受马克思主义，全国范围内出现了不少
学习和宣传马克思主义的组织、团体。大量
介绍马克思、恩格斯及其学说的著作纷纷涌
现，马克思恩格斯的一些著作也出现了完整
的中译本。

真正为马克思主义经典著作的翻译和
传播工作带来质变的事件是 1921 年中国共
产党的诞生。有了中国共产党，马克思主义
理论和马克思主义经典著作的译介工作从此
有了坚强的领导，进入有组织、有系统、有
计划的稳步发展阶段。

然而在 1927 年，正当北伐战争节节胜
利的时候，由于国民党反动派与大资产阶级
的背叛和疯狂镇压、屠杀，大革命最终失败。
此时的革命形势异常严峻，一方面是党组织
遭受严重破坏，不得不转入地下进行革命斗

1　《毛泽东选集》第 4 卷，人民出版社 1991 年版，第 1471 页。

中国共产党第一次全国代表大会会址

争，另一方面，国民党反动派自此长期实施书报检查，严厉禁止各种具有共产主义倾向的社会科学书刊，马克思主义的传播充满各种风险和挑战。1930年12月，国民党反动派政府颁布《出版法》，1931年10月又颁布《出版法施行细则二十五条》，11月公布《宣传品审查标准》，1934年颁布《图书杂志审查办法》，

浙江嘉兴南湖红船

首个《共产党宣言》中文全译本，由陈望道翻译，1920年出版

这些条文都严格限制进步书籍报刊等出版物出版，并明确禁止宣传共产主义。根据1936年国民党中央宣传部印发的《中央取缔社会科学反动书刊一览》可以看到，从1929年至1935年，以"共产党刊"为名查禁和查扣的书刊就达近500种，其中就包括《共产党宣言》《费尔巴哈论》《反杜林论》《战斗唯物论》等马克思列宁主义经典著作。[1]

正是在严酷的白色恐怖背景之下，中国共产党人和先进知识分子继续翻译出版马克思主义经典著作，利用一切公开的或秘密的方式传播马克思主义。这不仅是为了让当时的人们了解大革命失败的前因后果，揭露国民党反动派等反革命势力的本质，也是为了让世人了解中国共产党的主张和革命道路，继续引领中国革命发展。1928年到1930年翻译出版的马克思恩格斯著作包括

陈望道（1891—1977），中共党员，浙江金华义乌人。原名参一，又名融，字任重，笔名佛突、雪帆、晓风、张华等。我国现代著名的思想家、社会活动家、教育家和语言学家，五四新文化运动的积极推动者

1　参见中央编译局马恩室编《马克思恩格斯著作在中国的传播》，人民出版社1983年版，第288—289页。

《资本论》《政治经济学批判》《反杜林论》《家庭、私有制和国家的起源》等近 40 种。根据进步刊物《新思潮》1930 年的统计，1929 年中国关于社会科学的翻译书目有 150 种以上。恩格斯《费尔巴哈论》中译本正是在这一背景下问世，并且在新中国成立之前陆续出现了 6 个版本。

1929 年出现了两个中译本，分别是林超真译本和彭嘉生译本。林超真译本由上海沪滨书局出版，是根据劳拉·拉法格的法文版翻译而成，印的书名是《费儿巴赫与德国古典哲学的末日》，收录于《宗教·哲学·社会主义》中，并且附上了《马克思：费儿巴赫论纲要》，也就是我们熟悉的《关于费尔巴哈的提纲》。

彭嘉生译本由上海南强书局出版，书名为《费尔

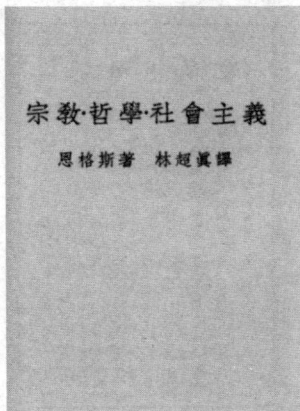

林超真译本封面（第四版）　　　　林超真译本扉页（第四版）

巴哈论》。这个译本根据《马克思主义文库》第三篇
德国学者赫尔曼·董克尔编的德文版翻译而成，同时
也参考了刘易斯的英译本和佐野文夫的日译本。值得
注意的是，在这个版本中，《费尔巴哈论》的 4 个部
分被加上了标题，分别是："1. 从黑格尔到费尔巴哈"
"2. 观念论与唯物论""3. 费尔巴哈底宗教哲学及伦
理学""4. 辩证法的唯物论"。另外，这一版本包含
了 5 篇"附录"，分别为："1. 费尔巴哈论纲""2. '费
尔巴哈论'补遗""3. 史的唯物论""4. 法兰西唯物
论史""5. 马克思底唯物论及辩证法"。

　　在林超真译本和彭嘉生译本问世的次年，又出现
了向省吾译本。这个译本由上海江南书店出版，书名
为《费尔巴哈古典哲学终末》。这个版本也是根据德

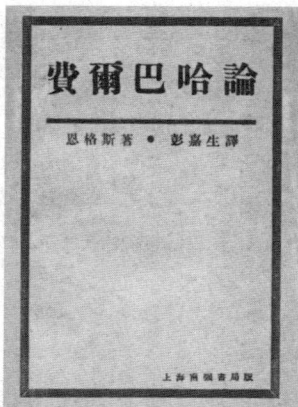

費爾巴哈論

恩格斯著　●　彭嘉生譯

上海南强書局版

彭嘉生译本封面

費爾巴哈論

恩格斯著　●　彭嘉生譯

上海南强書局版

彭嘉生译本扉页

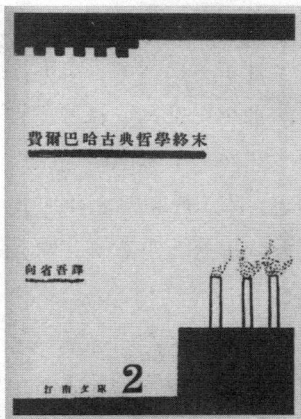

向省吾译本封面   向省吾译本扉页

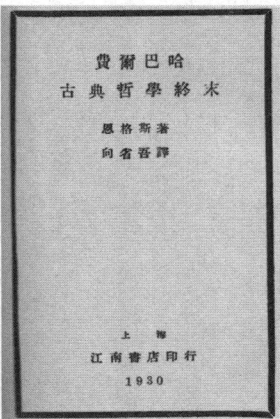

文版第三卷翻译，并参考了日译本，包含了译者序和
董克尔写于1927年的编者序。这个译本完整地翻译
了正文，然而没有收录恩格斯著名的序言。另外，这
个版本在目录中显示有5篇附录，而实际上并未付印。

　　《费尔巴哈论》的第四个译本由杨东莼和宁敦
伍共同翻译而成，由上海昆仑书店在1932年5月出
版。较之其他译本，这一版本有8篇附录，除了上
述版本中的5篇，还包括《费儿巴哈论纲原稿译文》
《观念论的见解与唯物论的见解之对立》和《蒲列
哈诺夫对费尔巴哈的序文和评注》。其中，《观念
论的见解与唯物论的见解之对立》实际上就是节选
了《德意志意识形态》部分内容。值得一提的是，
当时为了应对国民党反动派的检查，这个版本在出

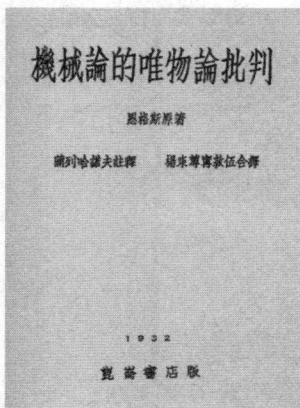

機械論的唯物論批判

恩格斯原著

蒲列哈諾夫註釋   楊東蓴等寧敦伍合譯

1932

覺醒書店版

杨东莼、宁敦伍译本封面

版时印制了两种本子，有着不同的封面和书名：一种是灰色封面，上面印着"机械论的唯物论批判"；另一种是黄色封面，印着"费尔巴哈论"。

1932年11月，青骊译本由上海社会主义研究社出版，书名为《费尔巴哈论》。这一版本根据英译本翻译，并增加了译者自己写的序言和英译者刘易斯所写的导言。这个版本修改了之前版本中存在的一些翻译问题，并且按照译者自己的理解在原本的四个大标题下增加新的小标题来引导读者阅读。它的显著特点是以中英对照的方式排版，既有中文也有英文。

英漢合璧
費爾巴哈論
FEUERBACH

社會主義研究社印行
1932

青骊译本封面

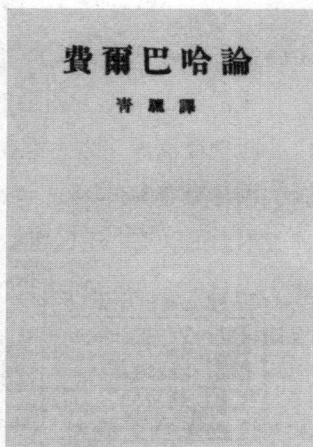

費爾巴哈論
青骊譯

青骊译本扉页

第六个版本是张仲实译本，1937
年12月由上海生活书店出版。除了
恩格斯的序言和正文，这个译本增加
了苏联哲学家米丁和斯托克夫斯基关
于马克思主义哲学和费尔巴哈生平的
介绍性文章。书名印的是"费尔巴哈
论"，而书内的正文则显示为"费尔
巴哈与德国古典哲学的末日"。这个
译本刚问世就受到普遍欢迎，很快就
在次年再版，此后不断再版，在新中
国成立后也再版了四次。

张仲实译本封面

由于历史的局限性，上述六个版
本存在一定的缺陷和不足，翻译水平
参差不齐，但它们显示了中国先进知
识分子救亡图存、追求思想解放的理
论自觉和不懈努力，反映了中国人民
对马克思主义的支持和认同，也凸显
了中国共产党人的革命热情。

新中国成立后，马克思主义经典
文献的编译出版有了更坚强的领导和
更为系统的组织。1953年，中共中央决定成立中央
编译局，专门负责马克思主义经典作家著作的翻译和
出版工作。此后，包括恩格斯在内的经典作家的著作
都由中央编译局负责出版。新中国成立前的版本大多

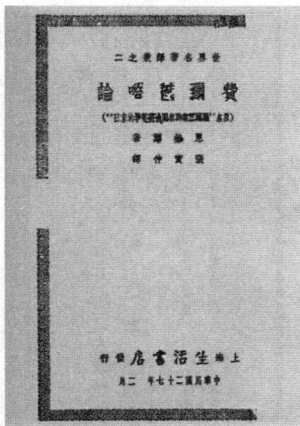

张仲实译本扉页

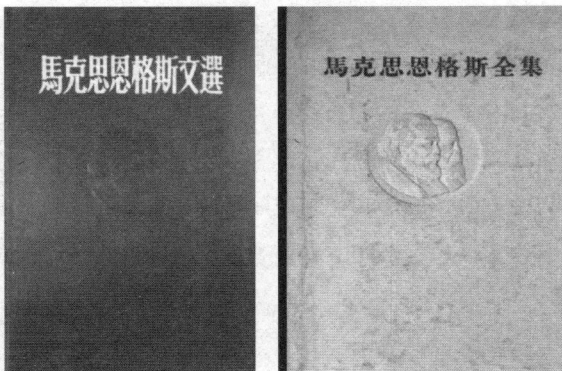

《马克思恩格斯文选》1958 《马克思恩格斯全集》第21卷，
年版   1965年版

已绝版，很难找到，最流行的是张仲实译本和编入苏
联出版的《马克思恩格斯文选》（两卷集）的译本。
这两个译本都是根据俄文译本翻译而成。1963年，
中央编译局以张仲实译本为基础，根据德文版重新校

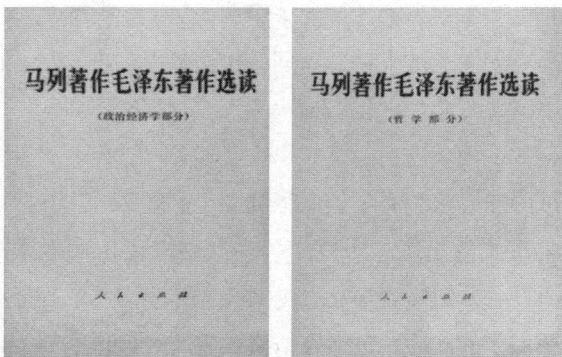

《马列著作毛泽东著作选读》

译了《费尔巴哈论》。它首先发表在1965年的《马克思恩格斯全集》第21卷，后来出版单行本。1977年，中央党校打算选编学员用的教材，故委托中央编译局再次校订这本著作，于是，中央编译局马恩室哲学组又根据德文版校了一遍，采用集体讨论定稿的方式，并与中央党校德文翻译组进行了讨论，同时吸收了一些读者的意见和建议，修改了1965年版中的部分内容。新的校订本被收入中央党校编的《马列著作毛泽东著作选读》，作为内部教材使用。

1972年，《马克思恩格斯选集》出版，其中《费尔巴哈论》被收在了第3卷。1995年，《马克思恩格斯选集》第二版出版。第二版对第一版的《费尔巴哈论》中的部分篇目和译文等内容进行了修改。2012年，《马克思恩格斯选集》第三版出版。在这一版里，《费尔巴哈论》被安排在了第4卷。

2004年1月，中共中央发布《关于进一步繁荣发展哲学社会科学的意见》，提出了实施马克思主义理论研究和建设工程。在这个背景下，2009年中央编译局出版了10卷本《马克思恩格斯文集》。其中，《费尔巴哈论》被收入第4卷。

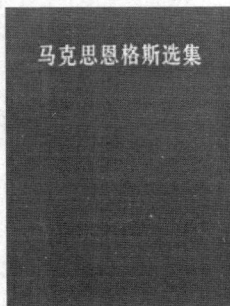

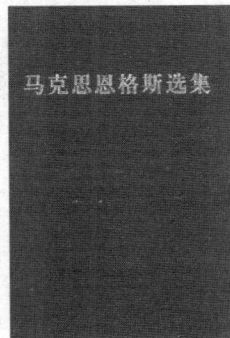

《马克思恩格斯选集》（上图依次为1972年版、1995年版、2012年版封面）

《马克思恩格斯文集》2009 年版

　　除此之外，《费尔巴哈论》还出版了一些民族语言版本，包括蒙古文版（1975 年 3 月）、维吾尔文版（1975 年 10 月）、藏文版（1980 年 4 月）、哈萨克文版（1980 年版）等。这些民族语言版本《费尔巴哈论》的出版，有力地扩大了马克思主义的传播范围，有助于少数民族群众更好地阅读和理解马克思主义。

三、《费尔巴哈论》的叙述结构与主要内容

1.《费尔巴哈论》的叙述结构与主要内容

《费尔巴哈论》虽然篇幅不大，但内容丰富，尤其是针对马克思主义哲学的理论渊源和实践本质作了集中论述，具有十分重要的价值。这部著作包括五个部分，分别为1888年单行本序言和四个部分的正文。序言交代了《费尔巴哈论》的创作背景和写作主题，正文部分则围绕序言中提出的写作主题进行理论展开。正文四个部分是相互关联、逻辑层层递进的有机整体。

在序言中，恩格斯以马克思在1859年《〈政治经济学批判〉序言》中对唯物主义历史观创立过程的叙述为开端，点出了《费尔巴哈论》这本书最为核心的主题：科学看待唯物史观的思想渊源。关于这一核心主题，绕不过去的基本问题就是马克思主义与黑格尔哲学和费尔巴哈哲学的关系。这个问题在当时德国

乃至整个欧洲的革命运动背景下具有重大的实践意
义，以至于恩格斯不得不在正文中围绕此基本问题进
行系统阐述。虽然这一问题原本在1845—1846年为
了"自己弄清问题"而写作的旧稿（即《德意志意识
形态》）中得到了说明，但旧稿中的阐述不够完善。
恩格斯指出原因有二：一是在经济史方面的知识还不
够；二是缺少对费尔巴哈学说本身的批判说明。另外，
恩格斯附上了"包含着新世界观的天才萌芽的第一个
文献"[1]——《关于费尔巴哈的提纲》，这份文本为
我们了解马克思超越费尔巴哈、继而与恩格斯共同创
立唯物史观的真实过程提供了关键一环。

　　要厘清马克思主义与德国古典哲学的关系，首要
的是对马克思主义与黑格尔哲学的关系进行说明。虽
然马克思和恩格斯在多个文本中谈及黑格尔哲学，但
总体来看是不系统、不彻底的，会随着谈论对象的改
变、自身理论的推进和外部环境的变化而表现出一定
的差异。在《费尔巴哈论》正文的第一部分，恩格斯
以哲学革命和政治运动的关系为参照，借助对黑格尔
经典命题的分析揭示了黑格尔哲学的二重性，即革命
性与保守性。恩格斯指出，黑格尔哲学保守的外观是
显而易见的，但其中的革命性要素恰恰是被当时大部
分德国理论家忽视的，即：在哲学认识层面"彻底否

1　《马克思恩格斯选集》第4卷，人民出版社2012年版，第219页。

定了关于人的思维和行动的一切结果具有最终性质的看法"[1]，在历史观上破除了对永恒理想状态的迷恋，人类社会历史的发展因而被看作一个不断前进的运动过程。黑格尔逝世后，青年黑格尔派虽然抓住黑格尔的辩证方法，在宗教和政治领域大展拳脚，但由于对唯物主义的错误理解，他们始终没有真正克服黑格尔哲学。这一任务在当时影响力最大的唯物主义者费尔巴哈那里也没有完成。

为了科学界定"唯物主义"的概念，继而讲清楚费尔巴哈唯物主义的不彻底性，恩格斯在第二部分提出了著名的哲学基本问题——思维和存在何者为第一性，以及两者能否同一。在以哲学基本问题为线索简要梳理哲学史之后，恩格斯得出了两个重要结论：一是现代实验和工业的发展，已经在实践上破除了包括各种唯心主义和不可知论在内的哲学怪论；二是"黑格尔的体系只是一种就方法和内容来说唯心主义地倒置过来的唯物主义"[2]，而费尔巴哈的唯物主义虽然反对黑格尔思辨哲学，但他的学说实际上还停留在18世纪机械唯物主义的水平。其中，第二个结论有较多的论述，主要是围绕自然科学与唯物主义的关系，

1　《马克思恩格斯选集》第4卷，人民出版社2012年版，第222页。
2　《马克思恩格斯选集》第4卷，人民出版社2012年版，第233页。

以及如何破除对"唯物主义"概念的庸人偏见展开。
在这里，恩格斯着重批判了费尔巴哈唯物主义中片面
的、非历史的和排除了实践的"自然"概念。

　　第三部分紧接上文，恩格斯进一步深化了对费尔
巴哈的宗教哲学和伦理学的批判，揭露了其"半截子"
唯物主义的本质。其中，恩格斯点明了费尔巴哈的宗
教批判本质上不是要废除宗教，而是要重新建立一个
"最高形式的"爱的宗教，这一做法无疑是在开历史
的倒车。除此之外，费尔巴哈对人的理解是抽象的、
空洞的、非历史的，以此为基础形成的道德观是软弱
的、保守的，既没有把人看作在历史中行动的人，也
完全忽视了人类社会历史发展的物质基础和阶级对抗
属性。恩格斯指出："同他人交往时表现纯粹人类感
情的可能性，今天已经被我们不得不生活于其中的、
以阶级对立和阶级统治为基础的社会破坏得差不多
了。"[1]所以，费尔巴哈那里的自然界和人归根结底
都只是停留在宗教领域中的空话，他对人类社会历史
发展规律的认识极其肤浅，因而对解放给出的是彼此
相爱的陈词滥调，丧失了最后一点革命性。

　　在相继完成了对黑格尔和费尔巴哈哲学的批判之
后，恩格斯在第四部分回到了对马克思主义哲学基本
原理的正面阐述，强调马克思主义是黑格尔哲学解体

1　《马克思恩格斯选集》第 4 卷，人民出版社 2012 年版，第
　　242 页。

后真正结出果实的派别，因为做到了将黑格尔头足倒立的辩证法唯物主义地"倒转过来"，并应用到对自然和历史的研究之中。辩证法的引入使得人们以历史的眼光重新审视自然，排除了传统自然哲学中幻想、臆测的要素，继而排除了自然哲学本身。在社会历史领域，辩证法取代了外在的天意而成为社会普遍联系的依据，具有意志和目的的人依旧受到社会一般规律的制约，后者正是社会历史发展"动力的动力"。正是在这个基础之上，恩格斯阐述了历史唯物主义基本原理，系统说明了阶级斗争在历史发展过程中的重要推动作用，通过理论加上一些例证阐述了国家、政治制度、宗教等上层建筑与其物质经济基础的关系。在《费尔巴哈论》的最后，恩格斯总结了德国古典哲学的核心价值正是在于对理论的批判性的追求，重申了德国工人运动是德国古典哲学的继承者。

2. 黑格尔哲学的内在矛盾及其合理内核

马克思主义哲学与黑格尔哲学的关系问题，一直是国内外讨论和研究的重点。在《费尔巴哈论》中，恩格斯从黑格尔"凡是合乎理性的东西都是现实的；凡是现实的东西都是合乎理性的"[1]这一经典命题入

---

1 [德]黑格尔：《法哲学原理》，商务印书馆 1979 年版，序言第 11 页。

手，揭示了黑格尔哲学的双重性质，即它的革命性和保守性，并强调必须将黑格尔头足倒置的哲学体系"正立"，以发现其"合理内核"——辩证法。

在《费尔巴哈论》开篇，恩格斯分析比较了18世纪法国革命和19世纪德国革命的异同。一方面，在这两个国家，哲学革命都作了政治变革的前导；另一方面，这两个哲学革命又是如此不同："法国人同整个官方科学，同教会，常常也同国家进行公开的斗争；他们的著作在国外，在荷兰或英国印刷，而他们本人则随时都可能进巴士底狱。相反，德国人是一些教授，一些由国家任命的青年的导师，他们的著作是公认的教科书，而全部发展的最终体系，即黑格尔的体系，甚至在某种程度上已经被推崇为普鲁士王国的国家哲学！"[1]法国大革命彻底扫除了封建专制残余，是一场成功的资产阶级革命；而德国的资产阶级总是首鼠两端，缺乏彻底战斗的斗志与勇气，所以在1848年革命中失败了。德国资产阶级革命的结果和这一阶级的特征实际上是与当时德国落后的资本主义发展状况相适应的。德意志民族长期处于分裂、割据的状态，虽然在1815年签署了《德意志联邦条例》，组成了德意志联邦，但这个联邦是一个松散的联合体，徒有

---

1   《马克思恩格斯选集》第4卷，人民出版社2012年版，第220页。

统一的形式，没有实质的国家实体作为支撑，因而阻碍了资本主义的发展。所以说，"德意志资本主义发展落后、缓慢，造成资产阶级力量非常薄弱；国家四分五裂，使资产阶级未能形成为整体的政治力量；无产阶级的独立出现，又使资产阶级一开始就害怕革命的深入发展。由此，德意志资产阶级反对派在革命进程中表现得矛盾、动摇、软弱、妥协"[1]。以黑格尔哲学为代表的德国古典哲学，体现了德国资产阶级自身的软弱性和妥协性，那为什么恩格斯还是认为德国哲学那种迂腐晦涩的语言中蕴藏着革命性呢？要回答这个问题，还是要回到黑格尔哲学体系本身。

在《法哲学原理》序言中，黑格尔提出了著名的命题："凡是合乎理性的东西都是现实的；凡是现实的东西都是合乎理性的。"[2] 从字面意思上，这句话似乎可以理解为：一切现存的事物都有其根据，其存在是合乎理性的，因而不可以被否定或消灭。如果作此番理解，黑格尔无疑是把现存的一切都永恒化、

黑格尔代表作《法哲学原理》，出版于 1821 年，系统地反映了黑格尔的法律观、道德观、伦理观和国家观

---

1 孙炳辉、邓寅达编著：《德国史纲》，华东师范大学出版社 1995 年版，第 83 页。
2 [德] 黑格尔：《法哲学原理》，商务印书馆 1979 年版，序言第 11 页。

神圣化了, 在政治上为现存的普鲁士国家的专制制度、警察国家、专断司法或书报检查制度等提供了哲学论证。所以, 这引起当时政府的感激和自由派的愤怒并不为奇。

然而, 辩证法大师黑格尔这句话的内涵绝不像其字面意思这般简单。与黑格尔交往颇多的著名德国诗人海涅就认为, 这个命题非但不是在为普鲁士政府辩护, 反而蕴含着政治革命的意味。对于海涅而言, 宗教改革、哲学革命与政治革命之间有着紧密的联系: 哲学革命以宗教改革为基础, 而政治革命以哲学革命的发生为理论前提。在《论德国宗教和哲学的历史》中, 他认为近代哲学革命是宗教改革的结果, 德国哲学革命发端于斯宾诺莎, 完成于黑格尔。黑格尔是"德国自莱布尼茨以来所产生的最伟大的哲学家"[1], 他的自然哲学不仅颠覆了自然神论的统治, 而且为推动德国政治革命提供了理论前提和动力: "自然哲学家(即黑格尔——笔者注)之所以可怕, 则在于他和自然的原始威力结合在一起, 在于他能召唤古代日耳曼泛神论的魔力, 而在这种泛神论中唤醒了那种我们在古代德意志人中间常见的斗争意欲, 这种斗

海涅(1797—1856), 德国著名诗人、散文家, 被称为"德国古典文学的最后一位代表", 曾与马克思相识, 对青年恩格斯思想发展产生过一定影响, 代表作有《诗歌集》《德国——一个冬天的童话》《论浪漫派》等

---

1 [德]亨利希·海涅:《论德国宗教和哲学的历史》, 海安译, 商务印书馆 2016 年版, 第 146 页。

争意欲不是为了破坏，也不是为了胜利，而仅仅是
为了斗争而斗争。"[1]在海涅看来，黑格尔的哲学不
仅没有为普鲁士国家辩护，反而继承了德国宗教改革
的精神，在哲学领域中唤起了日耳曼民族内在的斗争
力量。

恩格斯基本认同海涅关于黑格尔哲学具有革命
性的观点。他认为，首先在黑格尔那里，现存与现实
是不同层次的两个范畴，两者不能等同起来。现存指
向的是一切当下存在的事物，它包含着各种偶然性。
而现实仅仅属于那必然的东西，它"决不是某种社会
状态或政治状态在一切环境和一切时代所具有的属
性"[2]。也就是说，现存的事物不是无条件地就是现实
的，只有当现存的事物合乎规律、具有某种必然性时，
它才是现实的，反之，它就不是现实的。在《小逻辑》
中，黑格尔明确说明："在日常生活中，任何幻想、
错误、罪恶以及一切坏东西、一切腐败幻灭的存在，
尽管人们都随便把它们叫做现实。但是，甚至在平常
的感觉里，也会觉得一个偶然的存在不配享受现实的
美名。因为所谓偶然的存在，只是一个没有什么价值

1　《海涅全集》第 8 卷，孙坤荣译，河北教育出版社 2003 年版，
　　第 318 页。
2　《马克思恩格斯选集》第 4 卷，人民出版社 2012 年版，第
　　222 页。

的、可能的存在，亦即可有可无的东西。"[1] 所以，黑格尔并不是要把一切现存的都神圣化、永恒化，也不是"在哲学上替专制制度、警察国家、专断司法、书报检查制度祝福"[2]。

恩格斯进一步指出，如果将这一观点应用于对人类历史的考察，我们就会发现，黑格尔哲学摇身一变，在其保守外观下隐藏着革命的辩证法："凡在人类历史领域中是现实的，随着时间的推移，都会成为不合理性的，就是说，注定是不合理性的，一开始就包含着不合理性；凡在人们头脑中是合乎理性的，都注定要成为现实的，不管它同现存的、表面的现实多么矛盾。按照黑格尔的思维方法的一切规则，凡是现实的都是合乎理性的这个命题，就变为另一个命题：凡是现存的，都一定要灭亡。"[3] 正如罗马帝国取代罗马共和国，法国大革命中资产阶级民主制取代封建君主专制，一旦腐朽的普鲁士国家落后于时代发展，不再符合历史发展必然性，那么它也将不再合乎理性，

盖乌斯·屋大维被元老院封为"奥古斯都"，标志着罗马从共和国转向帝国

1　[德]黑格尔：《小逻辑》，贺麟译，商务印书馆 1980 年版，第 44 页。
2　《马克思恩格斯选集》第 4 卷，人民出版社 2012 年版，第 221 页。
3　《马克思恩格斯选集》第 4 卷，人民出版社 2012 年版，第 222 页。

在法国大革命中，法国国王路易十六被送上断头台，资产阶级民主制取代封建君主专制

新的、富有生命力的现实的东西就会取而代之。

恩格斯总结道：黑格尔哲学的"真实意义和革命性质，正是在于它彻底否定了关于人的思维和行动的一切结果具有最终性质的看法"，它告诉我们，"不存在任何最终的东西、绝对的东西、神圣的东西；它指出所有一切事物的暂时性；在它面前，除了生成和灭亡的不断过程、无止境地由低级上升到高级的不断过程，什么都不存在。它本身就是这个过程在思维着的头脑中的反映"。[1]一切知识也具有局限性，受到自身所处环境的制约。一方面，资产阶级的永恒真理观被打破，真理不再是绝对的。"哲学是时代精神的

1 参见《马克思恩格斯选集》第4卷，人民出版社2012年版，第222、223页。

精华"，时代的变化必然会引起人类意识和思维的变化。恩格斯指出："世界不是既成**事物**的集合体，而是**过程**的集合体，其中各个似乎稳定的事物同它们在我们头脑中的思想映象即概念一样都处在生成和灭亡的不断变化中，在这种变化中，尽管有种种表面的偶然性，尽管有种种暂时的倒退，前进的发展终究会实现"[1]。故而，人类的认识是一个从不知到知、从不完全不确切的知到比较完全比较确切的知的过程。

　　另一方面，在人类社会历史中不存在所谓完美的理想状态。恩格斯指出："今天被认为是合乎真理的认识都有它隐蔽着的、以后会显露出来的错误的方面，同样，今天已经被认为是错误的认识也有它合乎真理的方面，因而它从前才能被认为是合乎真理的；被断

光荣革命，是1688年英国资产阶级和新贵族发动的推翻詹姆斯二世的统治、防止天主教复辟的非暴力政变

1　《马克思恩格斯选集》第4卷，人民出版社2012年版，第250页。

因不满法国国王路易十六关闭国民议会，巴黎市民举行示威游行，并与国王雇佣军发生战斗，在 1789 年 7 月 14 日攻占巴士底狱，这一事件开启了轰轰烈烈的法国大革命运动

定为必然的东西，是由纯粹的偶然性构成的，而所谓偶然的东西，是一种有必然性隐藏在里面的形式，如此等等。"[1] 所以，在社会历史领域中并不存在永恒的社会关系，它们在生产力的推动下或快或慢地发生变化，"一切依次更替的历史状态都只是人类社会由低级到高级的无穷发展进程中的暂时阶段。每一个阶段都是必然的，因此，对它发生的那个时代和那些条件说来，都有它存在的理由；但是对它自己内部逐渐发展起来的新的、更高的条件来说，它就变成过时的和没有存在的理由了；它不得不让位于更高的阶段，

---

[1] 《马克思恩格斯选集》第 4 卷，人民出版社 2012 年版，第 251 页。

而这个更高的阶段也要走向衰落和灭亡"[1]。由此看来，资产阶级社会并非如资产阶级所说的那样是最美好的世界，它历史地产生，必然也会历史地消亡，它自身蕴含了自我革命和终结的要素，并将在现实的实践活动中让位于更高一级的历史阶段。

然而可惜的是，黑格尔并没有将这种辩证法从自身唯心主义哲学体系中解放出来。黑格尔在《逻辑学》中为绝对观念的运动设置了一个终点，辩证法变成了概念的自我运动、自我实现的过程。绝对概念成为现实世界产生、发展的最终原因和动力，自然界、社会以及人的自我意识等都是所谓绝对观念"外化"的结果。用恩格斯的话讲："在自然界和历史中所显露出来的辩证的发展，即经过一切迂回曲折和暂时退步而由低级到高级的前进运动的因果联系，在黑格尔那里，只是概念的自己运动的翻版，而这种概念的自己运动是从来就有的（不知在什么地方），但无论如何是不依任何能思维的人脑为转移的。"[2]在黑格尔那里，逻辑与历史是相统一的，但是以逻辑在先性为前提，历史本身也不过是逻辑自身的证明。

针对这种唯心主义观点，马克思恩格斯在多个文

1　《马克思恩格斯选集》第 4 卷，人民出版社 2012 年版，第 223 页。
2　《马克思恩格斯选集》第 4 卷，人民出版社 2012 年版，第 249 页。

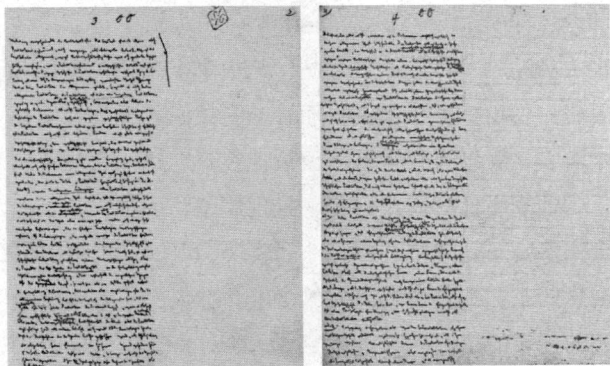

《1857—1858 年经济学手稿》（也被称为《政治经济学批判大纲》），是马克思于 1857 年开始写作的一份经济学手稿，被视为《资本论》的第一份手稿。图为部分手稿

本中提出了批评。在《德意志意识形态》中他们指出，意识"在任何时候都只能是被意识到了的存在"，"而人们的存在就是他们的现实生活过程"，"在思辨终止的地方，在现实生活面前，正是描述人们实践活动和实际发展过程的真正的实证科学开始的地方"。[1] 同样的，在《1857—1858 年经济学手稿》导言中，马克思在论述"从抽象上升到具体"的科学方法时指出："黑格尔陷入幻觉，把实在理解为自我综合、自我深化和自我运动的思维的结果，其实，从抽象上升到具体的方法，只是思维用来掌握具体、把它当作一个精神上的具体再现出来的方式。但决不是具体本身

1　参见《马克思恩格斯选集》第 1 卷，人民出版社 2012 年版，第 152、153 页。

的产生过程。"[1] 在《资本论》第二版跋中马克思说得更清楚："我的辩证方法，从根本上来说，不仅和黑格尔的辩证方法不同，而且和它截然相反。在黑格尔看来，思维过程，即甚至被他在观念这一名称下转化为独立主体的思维过程，是现实事物的创造主，而现实事物只是思维过程的外部表现。我的看法则相反，观念的东西不外是移入人的头脑并在人的头脑中改造过的物质的东西而已。"[2]

黑格尔颠倒了思维与存在的关系，用绝对概念统摄、解释自然界和人类社会历史的规律与发展，将自己的哲学内容变成了绝对真理，并使之神圣化、教条化，这当然同他那消除一切教条的东西的辩证方法是矛盾的，所以，"这样一来，革命的方面就被过分茂密的保守的方面所窒息"[3]。黑格尔的哲学在德国产生了巨大影响，并大量渗透到各种科学中。他的哲学还为不同思想派别留下了大量的争论空间，尤其是在宗教和政治领域中，所以他的哲学不可避免地为普鲁士国家的等级君主制作了辩护。针对黑格尔哲学中体系与方法的矛盾，恩格斯毫不客气地指责他"拖着一

1　《马克思恩格斯全集》第 30 卷，人民出版社 1995 年版，第 42 页。

2　《马克思恩格斯选集》第 2 卷，人民出版社 2012 年版，第 93 页。

3　《马克思恩格斯选集》第 4 卷，人民出版社 2012 年版，第 224 页。

根庸人的辫子"[1]。

　　然而，恩格斯还是总体上肯定黑格尔毕竟"形式是唯心主义的，内容是实在论的"[2]。对庞大的、艰深的黑格尔哲学，不可以简单地否定，而"必须从它的本来意义上'扬弃'它，就是说，要批判地消灭它的形式，但是要救出通过这个形式获得的新内容"[3]。同样的表述还出现在马克思《资本论》第二版跋中："辩证法在黑格尔手中神秘化了，但这决没有妨碍他第一个全面地有意识地叙述了辩证法的一般运动形式。在他那里，辩证法是倒立着的。必须把它倒过来，以便发现神秘外壳中的合理内核。"[4]这个新内容和合理内核就是唯物主义辩证法。而这样的辩证法一定是批判的、革命的辩证法："因为辩证法在对现存事物的肯定的理解中同时包含对现存事物的否定的理解，即对现存事物的必然灭亡的理解；辩证法对每一种既成的形式都是从不断的运动中，因而也是从它的暂时性方面去理解；辩证法不崇拜任何东西，按其本质来说，它是批判的和革命的。"[5]

1　《马克思恩格斯选集》第4卷，人民出版社2012年版，第225页。
2　《马克思恩格斯选集》第4卷，人民出版社2012年版，第243页。
3　《马克思恩格斯选集》第4卷，人民出版社2012年版，第229页。
4　《马克思恩格斯选集》第2卷，人民出版社2012年，第94页。
5　《马克思恩格斯选集》第2卷，人民出版社2012年，第22页。

3. 哲学基本问题的主要内涵

在《费尔巴哈论》中，恩格斯提出了哲学史上一个非常重要的命题："全部哲学，特别是近代哲学的重大的基本问题，是思维和存在的关系问题。"[1]这一判断为我们重新理解西方哲学史提供了新的视角和标准，也为我们更好地理解和把握马克思主义哲学与德国古典哲学的关系提供了重要思想坐标轴。

在恩格斯看来，思维与存在的关系问题并不是什么新鲜的问题，只是人们对这一问题的自觉反思到了近代哲学才真正表现出来，并在德国古典哲学的发展过程中达到高峰。他指出："思维对存在、精神对自然界的关系问题，全部哲学的最高问题，像一切宗教一样，其根源在于蒙昧时代的愚昧无知的观念。"[2]早在远古时期，思维和存在的差别已经被人类直观地感受到，但受限于落后的社会生产力和认知能力，人们对于自己的身体构造并不了解，对做梦以及梦境持有一种神秘的观点，认为思维和感觉并不是人身体的一部分，而是一种独特的、会在人肉体死亡时依旧持存的东西。从这个时候起产生了灵魂不死的观念，以及将自然力人格化，演变为最早的神。

1　《马克思恩格斯选集》第 4 卷，人民出版社 2012 年版，第 94 页。
2　《马克思恩格斯选集》第 4 卷，人民出版社 2012 年版，第 230 页。

例如，古希腊哲学家柏拉图认为，肉体是变化无常的，属于感性世界，而灵魂是不死的，属于不可见的本质的观念世界。在他看来，灵魂既与肉体相分离，又支配着肉体，思维决定存在。反之，也有哲学家反对这一观点，认为存在决定思维。例如德谟克利特提出了原子论，认为构成世界的最小单位是物质性的不可再分的"原子"，它的聚合与运动形成了我们所在的世界，除此之外并不存在所谓神的世界、理念世界等。

柏拉图（前 427—前 347），古希腊哲学家

这种有关神的观念进一步发展，形成了一神教的唯一的神的观念。从思维和存在的关系角度出发来反思这种观念，正是发生在欧洲中世纪，它以经院哲学的形式被教会提出来，并出现了较为系统的解答。唯名论和唯实论围绕着一般和个别的关系问题展开争论。唯名论强调的是个别的感性事物相较于共相所具有的优先性，认为

德谟克利特（约前 460— 前 370），古希腊哲学家

经院哲学是欧洲中世纪占统治地位的哲学，是运用理性形式，通过抽象的、繁琐的辩证方法论证基督教信仰，为宗教神学服务的思辨哲学

个别是独立的存在，不存在脱离个别事物的一般事物；相反，唯实论认为一般先于个别而独立存在，只有一般才是实在的。这场争论持续了数个世纪，其实质是披着宗教外衣的对哲学基本问题的讨论。

随着社会生产力的发展，资本主义生产关系开始萌芽、发展，它势必要求推翻封建主义社会关系及其整个上层建筑。资产阶级以哲学作为自己革命的思想先声，首先向落后的经院哲学发起了挑战。近代哲学延续了经院哲学的主题，并从认识论的角度出发重新思考思维与存在的关系问题，这也是所谓的"认识论转向"，即从对世界的直接发问与反思，转向从人的认识来源、能力和界限等方面出发去思考思维和存在的关系问题。

按照对这个问题的不同回答，哲学家们可以划分成两大阵营："凡是断定精神对自然界说来是本原的，从而归根到底承认某种创世说的人（而创世说在哲学家那里，例如在黑格尔那里，往往比在基督教那里还要繁杂和荒唐得多），组成唯心主义阵营。凡是认为自然界是本原的，则属于唯物主义的各种学派。"[1]

在近代哲学这里，从 16 世纪到 18 世纪，唯心主义的代表人物主要是笛卡尔、贝克莱、休谟，唯物主

1　《马克思恩格斯选集》第 4 卷，人民出版社 2012 年版，第 231 页。

勒内·笛卡尔（1596—1650），法国哲学家、数学家、物理学家，代表作有《方法论》《哲学原理》等，提出了著名的"我思故我在"命题

乔治·贝克莱（1685—1753），爱尔兰哲学家，近代经验主义代表人物之一，代表作有《视觉新论》《人类知识原理》等，提出了著名的"存在就是被感知"等命题

大卫·休谟（1711—1776），苏格兰哲学家、经济学家、历史学家，苏格兰启蒙运动代表人物之一，代表作有《人性论》《道德原则研究》《人类理解研究》等

义的代表人物则包括英国的弗朗西斯·培根和约翰·洛克，以及后来法国的狄德罗、拉美特利和霍尔巴赫等人。两大阵营的哲学家们通过争论和批判不断推动唯物主义和唯心主义各自向前发展，有关思维与存在的关系这个哲学基本问题的讨论虽然依然摆脱不了历史局限性，但还是取得了长足进步，在哲学路线上得到

弗朗西斯·培根（1561—1626），英国唯物主义哲学家，被马克思恩格斯称为"英国唯物主义的第一个创始人"，代表作有《新工具》《新大西岛》等

约翰·洛克（1632—1704），英国哲学家，英国最早的经验主义者之一，代表作有《论宗教宽容》《政府论》《人类理解论》等

德尼·狄德罗（1713—1784），法国启蒙思想家、哲学家、作家，"百科全书派"代表人物，主持编纂《科学、美术与工艺百科全书》

朱利安·奥夫鲁瓦·德·拉美特利（1709—1751），法国启蒙思想家、哲学家，代表作有《心灵的自然史》《人是机器》等，提出了"人是机器"的命题

保尔·昂利·霍尔巴赫（1723—1789），法国启蒙思想家、哲学家，"百科全书派"主要成员之一，代表作有《自然的体系》《社会的体系》《揭穿了的宗教》等

彻底的贯彻。最终，围绕哲学基本问题的讨论在德国古典哲学这里进入新的历史阶段。

从康德、费希特、谢林到黑格尔，德国古典哲学家们围绕思维与存在的分裂与弥合进行了不懈探索。康德为了批判唯物主义反映论，区分了表象世界与"自在之物"，认为两者无法真正实现同一，因而在思维与存在之间划了一道无法逾越的鸿沟。费希特强调自我意识，以一种主观唯心主义的方式试图连接康德那里分裂的思维与存在，用"自我设定自身－自我设定非我－自我与非我的统一"的三段论论证自我意识对外在世界的统摄作用。而到了谢林那里，他的"同一哲学"强调的是在主体与客体之外"绝对的同一性"，这是一种存在与思维、物质与精神、实在与观念的绝对同一，其实质就是某种绝对的理性或精神。作为德国古典哲学集大成者的黑格尔，以客观唯心主义的方式解决哲学基本问题，他认为存在与自我意识并不是两种东西，而是同一种东西，都统一于绝对观念当中。在黑格尔之后，费尔巴哈扛起了唯物主义旗帜，试图用主宾颠倒的方式翻转黑格尔的唯心主义学说。可见，从近代哲学一直到费尔巴哈，思维与存在的关系这个哲学基本问题一直是哲学家们思考和争论的话题。

哲学基本问题的另一个重要方面，是思维与存在的同一性问题。在哲学史上，大部分哲学家承认思维与存在两者可以同一，区别在于是思维统摄存在还是

伊曼努尔·康德（1724—1804），德国著名哲学家，古典哲学创始人，启蒙运动时期最后一位重要哲学家，也被认为是继苏格拉底、柏拉图和亚里士多德后西方最具影响力的思想家之一，代表作有《纯粹理性批判》《实践理性批判》《判断力批判》等

约翰·戈特利布·费希特（1762—1814），德国作家、哲学家，古典哲学代表人物之一，代表作有《全部知识学的基础》《自然法权基础》等

弗里德里希·威廉姆·约瑟夫·谢林（1775—1854），德国古典哲学代表人物之一，代表作有《先验唯心论体系》《哲学与宗教》等

存在决定思维。例如，洛克和培根都承认思维与存在两者之间的和谐与同一，认为真理就是指人们的观念与事物本身相同一。笛卡尔著名的"我思故我在"命题，虽然是从普遍怀疑出发，但最终确证了思维主体认识外在世界的能力，认为知识正是思维与存在相同一的结果。而提出"存在就是被感知"的极端唯心主义哲学家贝克莱，认为事物就是观念的集合，将事物与观念直接同一于观念。在黑格尔的哲学体系中，一

切归之于绝对观念。绝对观念是第一性的，现实世界则是绝对观念自身运动发展的一个环节，我们在现实世界中所认识的，只是这个世界的思想内容。绝对观念不依赖于世界并先于世界而存在，因为"要证明的东西已经默默地包含在前提里面了"[1]。实践对于黑格尔来说就是按照他的原则去改造世界。

当然，在哲学史上也有少数哲学家，例如休谟和康德，他们否认认识世界的可能性，或者至少否认彻底认识世界的可能性。他们一般被称为"怀疑论者"或"不可知论者"。对于怀疑论，列宁曾指出，"是指不用物、精神等等的作用来说明感觉，即一方面不用外部世界的作用来说明知觉，另一方面不用神或未知的精神的作用来说明知觉"[2]，持这一观点的人"**不超出**感觉，**他停留在现象的此岸**，不承认在感觉的界限之外有任何'确实的'东西"[3]。

在西方近代哲学史上，最著名的怀疑论者首推休谟。休谟是一名经验论者，认为人类全部的知识是以我们的感觉为基础所形成的经验、知觉或印象。除此之外的世界，休谟认为没有任何可靠的客观实在性。也就是说，观念是我们认识对象和形成知识的唯一途径，知觉之外的客观存在、物质对象都是无法保证的。

---

1 《马克思恩格斯选集》第 4 卷，人民出版社 2012 年版，第 231 页。
2 《列宁选集》第 2 卷，人民出版社 2012 年版，第 29 页。
3 《列宁全集》第 18 卷，人民出版社 1988 年版，第 106 页。

在此基础之上，休谟提出了对"因果律"的怀疑，即人们将两种前后相继的现象归结为存在某种内在联系或所谓规律的做法是值得怀疑的，它是人们思维"惯性"的结果。康德非常推崇休谟，直言休谟的怀疑论"在多年以前首先打破了我教条主义的迷梦"[1]。康德认为经验、知觉是人们认识的来源，并且承认经验和知觉的物质基础。但在他看来，人们的认识是有其界限的。在人们的认识之外存在一个"自在之物"，它是人们感觉、知觉形成的来源，却始终无法被真正达及。因此，康德实际上在思维和存在之间划下了一条无法逾越的鸿沟。我们所建构的知识体系只是我们认识主体自身构造的表象，而对于引起这种表象的自在之物，我们总是尝试追求其真相，但始终没有可能认识它。

4. 作为"半截子"唯物主义的费尔巴哈哲学

马克思和恩格斯在青年时期都曾受到费尔巴哈唯物主义哲学的影响，但在马克思主义哲学新世界观创立后，费尔巴哈哲学旋即遭到理论清算。在《费尔巴哈论》中，恩格斯称赞费尔巴哈是一位"杰出的哲学家"，但同时也指出，费尔巴哈"下半截是唯物主义

---

1 [德]康德：《未来形而上学导论》，庞景仁译，商务印书馆1982年版，第9页。

者，上半截是唯心主义者"。[1]那为什么恩格斯会如此评价费尔巴哈的唯物主义哲学呢？

　　1804 年，路德维希·费尔巴哈出生于德国拜恩州，是一位著名刑法学家的儿子。早年，费尔巴哈希望成为一名神学家。然而，当他在柏林大学听了两年黑格尔的课程后深受震撼，果断放弃了学习神学，完全投身于黑格尔哲学研究。随着对自然哲学研究的深入，费尔巴哈开始质疑黑格尔的唯心主义体系，尤其对后者的逻辑学颇为不满，他认为黑格尔所说的绝对观念外化为自然这一观点有问题。不过，直到费尔巴哈获得博士学位，也没有脱离黑格尔唯心主义的立场。1830 年，费尔巴哈匿名出版了《论死与不朽》，在这部书中，他大胆地抨击了基督教灵魂不灭、人格不朽等观念，反对只看来世而忽视现实世界的做法，提倡思想解放和关注此岸世界。这本书由于直接攻击了作为当时德国封建社会精神支柱的基督教神学，所以引发了很大的争议。虽然费尔巴哈否认自己是这本书的作者，但最终还是因此失去了教职。

　　从 1837 年开始，费尔巴哈长期居住在乡村，过着离群索居的生活。1839 年，《黑格尔哲学批判》

路德维希·安德列斯·费尔巴哈（1804—1872），德国唯物主义哲学家，代表作有《论死与不朽》《基督教的本质》《未来哲学原理》《宗教的本质》等

1　参见《马克思恩格斯选集》第 4 卷，人民出版社 2012 年版，第 248 页。

一书出版，宣告费尔巴哈与黑格尔客观唯心主义分道扬镳，完成了向唯物主义哲学立场的转变。用他自己的话说，在 1839 年之后，作为思维主体的人，是全部著作的主题。此后，费尔巴哈接连出版了《基督教的本质》《关于哲学改造的临时纲要》《未来哲学原理》等作品，与当时的施特劳斯和鲍威尔等青年黑格尔派分子一道向基督教发起了猛烈的攻击，同时阐述了自己的人本学唯物主义。在这些作品中，费尔巴哈公开了自己的无神论立场，继续对基督教发起猛烈的批判。他认为自然界不依赖任何哲学而存在，它也是作为自然界产物的人类赖以生长的基础，除此之外不存在任何东西；而宗教的本质就是人类自身的本质的虚幻反映，它不是属于上帝。正是神学将人的本质与人自身割裂开，并使之独立于人，造成人的异化。作为近代思辨哲学的顶峰，黑格尔哲学是神学最后的堡垒，因此必须要像颠倒神学那样颠倒黑格尔哲学，将黑格尔那里的思维与存在的关系翻转过来，将思维的人作为起点，而不是黑格尔哲学那里抽象的、空洞的存在。

　　历史地看，费尔巴哈是在黑格尔哲学体系解体过程中产生影响的，《基督教的本质》的出版"直截了当地使唯物主义重新登上王座"[1]。由于他的唯物主

1　《马克思恩格斯选集》第 4 卷，人民出版社 2012 年版，第 228 页。

义只承认自然界和人，所以将此外的所有存在都清除
出去了，包括由宗教幻想所创造出来的最高存在物，
它只是人的本质的虚幻反映。这一观点极大地刺激了
当时正沉浸于宗教批判的青年黑格尔派。恩格斯写道：
"魔法被破除了；'体系'被炸开并被抛在一旁了，
矛盾既然仅仅是存在于想象之中，也就解决了。——
这部书的解放作用，只有亲身体验过的人才能想象得
到。那时大家都很兴奋：我们一时都成为费尔巴哈派
了。"[1] 但实践证明，费尔巴哈唯物主义并不能为革
命提供科学指导，受其影响的所谓"真正的社会主义"
充分暴露了费尔巴哈唯物主义的弊端，即"它以美文
学的词句代替了科学的认识，主张靠'爱'来实现人
类的解放，而不主张用经济上改革生产的办法来实现
无产阶级的解放，一句话，它沉溺在令人厌恶的美文
学和泛爱的空谈中了"[2]。

具体来看，费尔巴哈"半截子"唯物主义的不彻
底性表现在以下几个方面：

首先，费尔巴哈无法把握现实本身，解释不了"现
实的人"，他的直观唯物主义本质上是一种旧唯物主
义。恩格斯指出："费尔巴哈不能找到从他自己所极

1　《马克思恩格斯选集》第 4 卷，人民出版社 2012 年版，第
　　228 页。
2　《马克思恩格斯选集》第 4 卷，人民出版社 2012 年版，第
　　229 页。

端憎恶的抽象王国通向活生生的现实世界的道路。他紧紧地抓住自然界和人;但是,在他那里,自然界和人都只是空话。无论关于现实的自然界或关于现实的人,他都不能对我们说出任何确定的东西。要从费尔巴哈的抽象的人转到现实的、活生生的人,就必须把这些人作为在历史中行动的人去考察。"[1]费尔巴哈虽然在哲学上肯定了自然和人的优先性,但他对这两者的理解和把握恰恰又是抽象的、非历史的,看不到人的实践活动对对象的改造。所以,他的唯物主义同18世纪法国唯物主义一样理解不了辩证法,没有把世界理解为一个处在不断历史发展中的过程,是注定要被扬弃的旧唯物主义。

借用马克思《关于费尔巴哈的提纲》第一条的表述:"从前的一切唯物主义(包括费尔巴哈的唯物主义)的主要缺点是:对对象、现实、感性,只是从**客体的或者直观**的形式去理解,而不是把它们当做**感性的人的活动**,当做**实践**去理解,不是从主体方面去理解。"[2]费尔巴哈强调以自然为基础的"人",但这种"人"在内容上是贫乏的,他对"自然"的理解也是形而上学式的。旧唯物主义者狭隘地理解存在,直接将其指

1　《马克思恩格斯选集》第4卷,人民出版社2012年版,第247页。
2　《马克思恩格斯选集》第1卷,人民出版社2012年版,第133页。

18世纪英国画家约瑟夫·赖特的画作《夜里的阿克莱特棉纺厂》，表现了英国工业化进程对自然的影响

认为一种与人无关的、一经产生就永恒不变的自然存在，不是当作人的实践的产物，所以他们看不到社会存在的现实性和历史性特征，看不到物质生产在人类社会历史发展过程中的决定作用。于是在对待思维与存在、人与自然关系等问题时表现出一种直观的特征，将两者割裂开、对立起来。费尔巴哈对感性世界的理解"一方面仅仅局限于对这一世界的单纯的直观，另一方面仅仅局限于单纯的感觉"，所以"他没有看到，他周围的感性世界决不是某种开天辟地以来就直接存在的、始终如一的东西，而是工业和社会状况的产物，是历史的产物，是世世代代活动的结果，其中每一代都立足于前一代所奠定的基础上，继续发展前一代的

工业和交往，并随着需要的改变而改变他们的社会制度。甚至连最简单的'感性确定性'的对象也只是由于社会发展、由于工业和商业交往才提供给他的"。[1]对世界的改造成为一种纯粹的思想解放，看不到每个具体历史时期的"工业状况、商业状况、农业状况、交往状况促成的"[2]历史活动是实现解放的现实基础。

其次，费尔巴哈的无神论和宗教批判并不彻底。费尔巴哈对基督教乃至整个宗教的批判产生过非常大的影响。他深刻揭露了宗教的本质，提出上帝的本质无非是人的本质的异化，神学的秘密就是人本学等观点。毫无疑问，他的无神论立场，相较于封建宗教传统是进步的。但仅仅停留在这里并不能真正克服宗教的弊端，费尔巴哈哲学依旧没有科学解释人类精神现象的本源和内在机制，无法说清楚精神本身的秘密。恩格斯明确指出，费尔巴哈的唯心主义就在于："他不是抛开对某种在他看来也已成为过去的特殊宗教的回忆，直截了当地按照本来面貌看待人们彼此间以相互倾慕为基础的关系，即性爱、友谊、同情、舍己精神等等，而是断言这些关系只有在用宗教名义使之神圣化以后才会获得自己的完整的意义。在他看来，主

1　参见《马克思恩格斯选集》第 1 卷，人民出版社 2012 年版，第 155 页。

2　《马克思恩格斯选集》第 1 卷，人民出版社 2012 年版，第 154 页。

要的并不是存在着这种纯粹人的关系，而是要把这些
关系看做新的、真正的宗教。这些关系只是在盖上了
宗教的印记以后才被认为是完满的。"[1] 也就是说，
费尔巴哈的无神论，依旧没有跳脱出宗教的领域，它
只是否认了上帝或所谓神学的"超人"的存在，却没
有对宗教本身提出质疑，因为费尔巴哈从未想要彻底
废除宗教。

在费尔巴哈看来，宗教有其客观产生的基础，无
法真正被消灭。因为宗教的本质无非就是人的依赖感，
是人的一种感觉或意识，即认为要是没有另外一个与
自己不同的东西，自己就不能存在。这种
依赖感是动物和人共有的本性，只不过，
动物和野蛮人对这种依赖感是不自觉和不
自省的。而人能够意识到这种依赖感，并
且表象它、承认它，并崇拜它和信奉它，
从而进入宗教。因而，费尔巴哈认为，这
种意义上的宗教"对于人的关系，很像光
对于眼、空气对于肺、食品对于胃那样密
切"[2]。宗教就像人的这些生物性本能一样
不可或缺。

Das Wesen
des
Christenthums
von
Ludwig Feuerbach.

Leipzig:
Otto Wigand.
1841.

《基督教的本质》
1841 年第一版扉页

---

1 《马克思恩格斯选集》第 4 卷，人民出版社 2012 年版，第
  240 页。
2 [德] 费尔巴哈：《宗教的本质》，王太庆译，商务印书馆
  2010 年版，第 2 页。

　　所以，相较于对包含着新宗教秘密的现实进行批判，费尔巴哈更倾向于建构自己理想的宗教。他在《基督教的本质》中说："我使神学下降到人本学，这倒不如说是使人本学上升到神学了。"[1]而在《未来哲学原理》中，他同样认为："近代哲学的任务，是将上帝现实化和人化，就是说：将神学转变为人类学，将神学溶解为人类学。"[2]可以看出，费尔巴哈并不以完全消灭宗教作为自己哲学的终极目标，反而是希望在人身上重新发现宗教的基础，并通过哲学来实现宗教的最终完成，即将哲学宗教化。正因为如此，恩格斯一针见血地指出："费尔巴哈决不希望废除宗教，他希望使宗教完善化"，"费尔巴哈想以一种本质上是唯物主义的自然观为基础建立真正的宗教，这就等于把现代化学当做真正的炼金术。如果无神的宗教可以存在，那么没有哲人之石的炼金术也可以存在了。"[3]

　　再次，由于不懂得实践的观点，费尔巴哈在历史观上倒退为一种唯心史观。马克思在《德意志意识形态》中说："当费尔巴哈是一个唯物主义者的时候，历史在他的视野之外；当他去探讨历史的时候，他不

1　《费尔巴哈哲学著作选集》下卷，荣震华等译，生活·读书·新知三联书店 1962 年版，第 17 页。

2　《费尔巴哈哲学著作选集》上卷，荣震华等译，生活·读书·新知三联书店 1959 年版，第 122 页。

3　参见《马克思恩格斯选集》第 4 卷，人民出版社 2012 年版，第 240、241 页。

是一个唯物主义者。在他那里，唯物主义和历史是彼此完全脱离的。"[1] 一方面，在谈到宗教发展史时，费尔巴哈认为，人类的各个时期仅仅由于宗教的变迁而彼此区别开。恩格斯批判这是"绝对错误的"。因为历史运动带有宗教的色彩只是属于特定历史时期、与少数世界性宗教相关的现象，"具有真正普遍意义的革命也只有在资产阶级解放斗争的最初阶段即从13世纪到17世纪，才带有这种宗教色彩"[2]，而一旦资产阶级逐渐建立起自己的统治，他们则仅仅诉诸法律和政治的观念，而非宗教。因此，不是宗教的变迁决定社会历史的发展，而是社会历史的发展决定了宗教的变迁。

另一方面，费尔巴哈没有真正将唯物主义贯彻到对人类社会历史的研究中，反而是在宗教、伦理学等领域暴露了其唯心主义实质，忽视了人类的社会实践活动对于人类社会历史发展的作用和意义，陷入了唯心史观。马克思强调："对**实践的**唯物主义者即**共产主义者**来说，全部问题都在于使现存世界革命化，实际地反对并改变现存的事物。"[3] 费尔巴哈虽然一直

1　《马克思恩格斯选集》第1卷，人民出版社2012年版，第158页。
2　《马克思恩格斯选集》第4卷，人民出版社2012年版，第241—242页。
3　《马克思恩格斯选集》第1卷，人民出版社2012年版，第155页。

强调自然和人的重要性，把人看作感性对象，然而他
自己不理解现实的自然和现实的人，只会用直观的人
类情感——爱——来安慰现实中不幸的人，而不会寻
求考察和变革现实社会结构，不懂得追问历史发展背
后更深层的动力，因而也提不出真正的解放理论。

　　最后，费尔巴哈唯物主义的不彻底性，导致他在
实践层面滑向爱的宗教伦理，取消了工人运动的革命
性。费尔巴哈认为，正是依赖感的存在使得人们彼此
之间发生联系，人与人之间的感情关系是自有人类以
来就一直存在的。而这种依赖感的最高级的形式就是
"爱"，它包括性爱、友谊、同情、舍己精神等。这
种爱，在费尔巴哈眼中是一种所谓"真正的、神圣的、
可靠的威力"。费尔巴哈试图将宗教真正地复归于人，
建立在人与人之间所谓的依赖感的基础之上，因而它
最终必然是以爱的宗教的形式展现出来。他将这种人
对人的爱视为实践上"最高的和首要的原则"。

　　对于费尔巴哈这种所谓爱的宗教，恩格斯在《费
尔巴哈论》中给予了猛烈的抨击，尤其从工人运动的
角度出发，揭示了这种思想的消极性和破坏性。一方
面，费尔巴哈眼中的人，以及人与人之间的依赖感是
抽象的。他在这些抽象的关系中看到的仅仅是道德的
方面。对此，恩格斯用历史唯物主义基本原理指出：
"同他人交往时表现纯粹人类感情的可能性，今天已
经被我们不得不生活于其中的、以阶级对立和阶级统

治为基础的社会破坏得差不多了。"[1]费尔巴哈所说的人，不是生活在现实的、历史地发生和历史地确定了的世界里面；同样的，作为调整这些人的关系的爱的宗教，其基础也是贫乏的、空洞的、没有社会内容的。这种爱并未触及社会关系，更不用说阶级斗争、社会革命。它与当时德国流行的历史编纂学把人类历史描述成精神发展史的做法一样，本质上是一种调和、妥协，是为现存社会关系服务的。

另一方面，这种爱的宗教在工人运动中产生了消极影响。虽然费尔巴哈自己漠视社会运动，远离革命实践，但他的思想在工人运动中还是产生了影响。1844年后，包括"真正的社会主义"在内的许多社会主义者受到费尔巴哈哲学的影响，大肆鼓吹抽象的、超阶级的"爱"，试图用"爱"去唤起人们的觉醒，继而走向社会主义。然而，这种所谓的"爱"只是一种温柔的迷魂汤，它不能改造社会关系，不会赋予社会改革以必需的坚贞的行动力，纯粹是一种伤感的空话。这种满世界宣扬爱的国度、用思辨的蛛网包装干瘪的"永恒真理"的社会主义，吓不倒真正的敌人。就像《共产党宣言》中批判"真正的社会主义"时所说的那样："这种社会主义成

1　《马克思恩格斯选集》第4卷，人民出版社2012年版，第242页。

了德意志各邦专制政府及其随从——僧侣、教员、容克和官僚求之不得的、吓唬来势汹汹的资产阶级的稻草人。这种社会主义是这些政府用来镇压德国工人起义的毒辣的皮鞭和枪弹的甜蜜的补充。"[1]这种爱的宗教不主张用经济上改革生产的办法来实现无产阶级的解放，反而是用爱的呓语麻痹人，消解了阶级斗争，成为统治阶级镇压工人的麻醉剂。正因为如此，恩格斯说费尔巴哈哲学陷入了泛爱的空谈中，连最后一点革命性也消失了。1848 年欧洲革命爆发时，费尔巴哈并未站出来支持革命，而是认为这是"毫无意义的事情"。他用行动证明了这种爱的宗教的非革命本质。

5. 马克思主义哲学的基本内容

恩格斯指出，在黑格尔哲学解体后，只有马克思实现了真正的哲学革命，他创立的学说是"真正结出果实的派别"。在《反杜林论》1885 年的序言中，恩格斯指出："马克思和我，可以说是唯一把自觉的辩证法从德国唯心主义哲学中拯救出来并运用于唯物

1　《马克思恩格斯选集》第 1 卷，人民出版社 2012 年版，第 428 页。

主义的自然观和历史观的人。"[1]在《费尔巴哈论》中，恩格斯再次系统表述了马克思主义哲学的基本内容，强调要将唯物主义与辩证法结合起来重新考察自然、人类社会和思维，人类社会历史发展规律得到了科学的论述。

（1）自然科学发展是一个过程

在相当长的人类历史进程中，自然界被视为既定的、被动的和一成不变的事物的集合的领域，它没有历史。而恩格斯指出："认为事物是既成的东西的旧形而上学，是从那种把非生物和生物当做既成事物来研究的自然科学中产生的。"[2]历史地看，人类对自然的较为系统的理解首先表现在自然哲学的形式中，往往带有直观、思辨和猜测的性质，包含了自发的唯物主义和朴素的辩证法思想。这种朴素的唯物主义自然观在许多古代文明中都存在过。例如，古代中国的朴素唯物主义自然观认为自然就是事物原本如此的状态，应当从事物内部寻找其存在根据。对世界的本原的解释将其归结为某一种（如水、火）或几种物

道家的五行学说

---

1 《马克思恩格斯选集》第 3 卷，人民出版社 2012 年版，第 385 页。

2 《马克思恩格斯选集》第 4 卷，人民出版社 2012 年版，第 251 页。

图从左至右依次为：泰勒斯、赫拉克利特和毕达哥拉斯

质（如金、木、水、火、土），或者是某种抽象的东西（如气、道、理等）。与此同时，这种观点还认为人来源于自然界，因而推崇"天人合一"的境界。古希腊的朴素唯物主义自然观则将自然视为事物运动和变化的原因，是事物秩序的根据。对于古希腊哲学家而言，自然界的本原存在于某种具有固定形体的东

尼古拉·哥白尼（1473—1543），文艺复兴时期波兰天文学家、数学家、教会法博士、神父，提出了日心说，代表作是《天体运行论》

西，或是"某种特殊的东西"中。例如泰勒斯将水视为世界的本原，赫拉克利特将火视为世界的本原，毕达哥拉斯将数视为世界的本原，等等。总的来看，朴素唯物主义的自然观更多的是对自然的一种天才的、直观的考察，对于尚未完全清楚明白的现象或知识则往往用猜测来补充，因而具有臆测性、自发性和不彻底性。

文艺复兴与宗教改革运动推动了近代科学的发展。1543 年哥白尼《天体运行论》的出版，标志着"自然研究基本上从宗教下面解放出来了……科学的发展

从此便大踏步地前进"[1]。 近代科学强调运用观察和
实验的方法，并与数学统计和计算联系起来对自然进
行研究。这种研究关注的是一个个具体的既成事物，
将纷繁复杂的自然现象分门别类，在特定的领域中探
寻事物之间的联系和运动规律。它虽然为各领域自然

文艺复兴发生于14世纪到16世纪，意大利的人文主义作家和学者主
张恢复希腊、罗马古典时代的艺术，是一场反映欧洲新兴资产阶级要
求的思想文化运动，代表人物有但丁、达·芬奇、莎士比亚、米开朗
琪罗等。图为达·芬奇（左）及其代表作《蒙娜丽莎的微笑》（右）

宗教改革始于欧洲16世纪基督教自上而下的宗教改革运动，一般认
为从1517年马丁·路德提出《九十五条论纲》开始，到1648年《威
斯特伐利亚和约》的出台为止。图为代表人物马丁·路德（左）、约
翰·加尔文（右）

---

1 《马克思恩格斯选集》第3卷，人民出版社2012年版，第
   843页。

拉普拉斯（1749—1827），法国数学家、物理学家、天文学家，法国科学院院士。他把牛顿的万有引力定律应用到整个太阳系。在1796年出版的《宇宙体系论》中，他独立于康德提出了对后来有重大影响的关于行星起源的星云假说

科学的进一步发展提供了大量经验材料，但也造成了对自然界各种现象解剖式的、静态的考察。在此期间，自然科学的成就主要体现在力学和天文学上，用力学原理解释世界成为越来越多人接受的观念。世界在他们眼中是一个僵化的、固定不变的东西，机械决定论和形而上学的特征在这一时期的唯物主义思想中表现得比较明显，不仅动物甚至人也被看作机器。恩格斯在《自然辩证法》中说："哥白尼在这一时期之初向神学下了挑战书；牛顿却以神的第一推动这一假设结束了这个时期。"[1]面对无法解释的自然现象，这个时期的人还是选择引入神秘主义或神学的解释。

到了19世纪，科学技术进入全面发展阶段，自然科学也从搜集材料阶段发展到了整理材料和理论概括的阶段。在这个阶段，自然科学的重要任务是对事物的发生、发展、运动过程及其联系的研究。所以，

1　《马克思恩格斯选集》第3卷，人民出版社2012年版，第850页。

科学的发展要求突破形而上学的限制，康德和黑格尔等德国古典哲学家不再把自然理解为一种固定不变的对象，而是看作矛盾发展的不断运动变化的过程，特别是康德和拉普拉斯分别提出并被证实的星云假说动摇了人们关于自然没有任何历史的观点，在机械唯物主义那里打开了"第一个突破口"。不过，要真正脱离形而上学的研究方式和思维方式，依然需要科学技术的进一步发展，唯物主义发展到了费尔巴哈那里依旧没有彻底摆脱对待自然时表现出的直观的、非历史的弊端。

　　马克思和恩格斯基于对 19 世纪自然科学发展的认识，批判性地吸收了法国唯物主义和德国唯心主义自然观，形成了关于自然界及其与人类社会关系的总的观点。恩格斯指出："在从笛卡儿到黑格尔和从霍布斯到费尔巴哈这一长时期内，推动哲学家前进的，决不像他们所想象的那样，只是纯粹思想的力量。恰恰相反，真正推动他们前进的，主要是自然科学和工业的强大而日益迅猛的进步。"[1]对于马克思主义而言，积极吸收人类社会优秀科研成果是应有之义。在新世界观创立过程中，马克思恩格斯批评了以往的唯心史观将自然与历史对立起来的做法，强调人对自然的物

1　《马克思恩格斯选集》第 4 卷，人民出版社 2012 年版，第 233 页。

质关系是人类实践活动的基本形式之一，不能把自然
史和社会史割裂开来进行考察，必须用实践的观点考
察自然及其与社会的关系。

　　一方面，自然科学是由于各个时代工业和商业的
发展，由于人们的感性活动，才达到自己的目的和获
得经验材料。另一方面，随着自然科学发展和自身实
践能力的提升，人类逐渐摆脱与自然的狭隘关系以及
人与人之间的狭隘关系，所以必须始终把"人类的历
史"同工业和交换的历史联系起来研究与探讨。[1] 在
马克思恩格斯生活的年代，19 世纪自然科学的发展，
特别是三大发现——细胞学说、能量守恒定律和达尔
文生物进化论，大大推动了人们对自然界中各种事物、
各个领域之间的相互联系的系统认识，因而"自然界

细胞学说是关于细胞是动植物结构和生命活动的基本单位的学说，
1838—1839 年间由德国植物学家施莱登（1804—1881）和动物学家西
奥多·施旺（1810—1882）最早提出。图为施莱登（左）和施旺（右）

1　参见《马克思恩格斯选集》第 1 卷，人民出版社 2012 年版，
　　第 160 页。

能量守恒定律是自然界普遍的基本定律之
一，一般表述为：能量既不会凭空产生，也
不会凭空消失，它只会从一种形式转化为另
一种形式，或者从一个物体转移到其他物体，
而能量的总量保持不变。德国医生、物理学
家迈尔（1814—1878）第一个发现并表述了
能量守恒定律。图为迈尔

查尔斯·罗伯特·达尔文（1809—1882）在
1859年出版的《物种起源》一书中系统地阐
述了他的进化学说。他认为物种是可变的，
生物也是进化的，自然选择是生物进化的动
力。图为达尔文

无穷无尽的领域全都被科学征服，不再给造物主留下
一点立足之地"[1]。自然科学对自然界中事物普遍联
系的辩证性质的揭示，有力地破除了人类认识上旧的
形而上学的观点，自然界被承认为历史发展的过程，
它的主要过程得到了说明，并被归为自然的原因。

（2）人类社会历史发展存在一般规律

同人们对自然界的研究一样，在恩格斯看来，以
往大部分的历史哲学、法哲学、宗教哲学等社会科学

1　《马克思恩格斯选集》第3卷，人民出版社2012年版，第
900页。

都是"以哲学家头脑中臆造的联系来代替应当在事变中去证实的现实的联系，把全部历史及其各个部分都看做观念的逐渐实现，而且当然始终只是哲学家本人所喜爱的那些观念的逐渐实现"[1]。在这些人的观点中，人类历史要么被解释为无序的、无规律的运动过程，要么被描绘成依照某种外在神秘天意或者价值原则前进，又或者被看作不断朝向某个理想目标发展。

旧的唯物主义哲学虽然重新确立了物质相对于精神的优先性，坚持了唯物主义的基本立场，但往往忽视或机械地理解人的主观能动作用，以一种直观的、抽象的方式理解人，理解人类社会，把人视为一种纯粹的自然物，是"文化、历史的产物"，看不到人本身的主观能动性，以及人的实践活动特别是满足人的欲望的物质生产活动在人类社会历史发展中的重要作用。例如，法国哲学家爱尔维修认为，人类社会历史规律与自然规律有着某种相似性，且人类社会的所有活动和现象本质上根源于人的自然存在，所以人类社会的发展规律同自然规律并没有实质性的差别。因此，他没有在历史观上将唯物主义立场贯彻到底。

与他们不同，黑格尔没有简单地以善恶的道德标

克洛德·阿德里安·爱尔维修(1715—1771)，法国作家、哲学家，法国 18 世纪唯物主义哲学代表人物之一，代表作是 1758 年发表的《论精神》。他认为感觉是一切知识最根本的源泉，一切精神能力都归结于感觉能力，因而把唯物主义经验论推到了极端

1　《马克思恩格斯选集》第 4 卷，人民出版社 2012 年版，第 253 页。

准划分人类历史，而是从人类历史本身的内容出发，认为历史人物的表面动机和真实动机并不是历史事实的最终原因，所谓善恶只是历史发展的动力的表现形式，应当进一步探索"动力的动力"。黑格尔的历史观相较于爱尔维修、费尔巴哈无疑是进步的。但毫无疑问，黑格尔所谓的历史只是绝对观念运动的历史，是到人类真正的社会历史之外寻求某种动力或原因，用一种哲学的意识形态重构了历史，依旧没有摆脱唯心史观的窠臼。

与此相对，马克思主义认为人类社会历史就像自然界一样有其自身发展的客观规律，并且人类可以认识和利用这些客观规律。只不过，客观规律在人类社会与自然界中的表现是不一样的。马克思在《资本论》中引用了维科的一句话予以说明："人类史同自然史的区别在于，人类史是我们自己创造的，而自然史不是我们自己创造的。"[1] 在自然界中，发生作用的是没有意识的、盲目的力量，作为必然性的一般规律蕴藏在这些表现为偶然性的力的相互作用之中。而在人类社会中，作为现实的、活动着的人，他是有意识的、有主观能动性和目的计划的主体。这是否意味着社会历史

乔瓦尼·巴蒂斯塔·维科（1668—1744），意大利哲学家、修辞学家、历史学家和法理学家，代表作为《新科学》。他批判现代理性主义，强调历史、政治、法律、哲学等人文学科的价值，提出了"真理－创造物说"，认为人只能认知人创造的东西，或者说只有人创造的东西才是可认知的

1　《马克思恩格斯全集》第44卷，人民出版社2001年版，第429页。

能够按照人类的主观意志发展，或者说受人的主观目的主导呢？答案是否定的。恩格斯指出，正是"无数的单个愿望和单个行动的冲突，在历史领域内造成了一种同没有意识的自然界中占统治地位的状况完全相似的状况。行动的目的是预期的，但是行动实际产生的结果并不是预期的，或者这种结果起初似乎还和预期的目的相符合，而到了最后却完全不是预期的结果。这样，历史事件似乎总的说来同样是由偶然性支配着的。但是，在表面上是偶然性在起作用的地方，这种偶然性始终是受内部的隐蔽着的规律支配的，而问题只是在于发现这些规律"[1]。

也就是说，一方面，人类社会历史相较于自然有其特殊性，特殊之处就在于社会是由有意识的、有目的的、行动着的人所组成；另一方面，这些人并不是孤零零的、与世隔绝的人，而是在一定的社会条件之下从事着具体的物质生产等社会实践活动，并在此基础上形成了不以个人意志为转移的、客观的社会关系。这些社会关系既是人们行动的结果，同时作为一种必然的客观规律制约着社会发展和人们的实践形式，也就是说，不是所有人行动的最终结果都完全符合其预期。因此，想要获得关于人类社会历史的正确认识，

1　《马克思恩格斯选集》第 4 卷，人民出版社 2012 年版，第 254 页。

就必须回到"世俗世界"中考察人类社会历史发展的一般规律。

（3）历史唯物主义基本原理

在《德意志意识形态》中，马克思和恩格斯阐述了历史唯物主义基本观点，强调从物质生产出发去理解"现实的人"和人类社会历史，指明了"一切历史冲突都根源于生产力和交往形式之间的矛盾"[1]这一人类社会历史发展基本规律。他们所创立的新世界观的科学之处就在于："从直接生活的物质生产出发阐述现实的生产过程，把同这种生产方式相联系的、它所产生的交往形式即各个不同阶段上的市民社会理解为整个历史的基础，从市民社会作为国家的活动描述市民社会，同时从市民社会出发阐明意识的所有各种不同的理论产物和形式，如宗教、哲学、道德等等，而且追溯它们产生的过程。……这种历史观和唯心主义历史观不同，它不是在每个时代中寻找某种范畴，而是始终站在现实历史的**基础**上，不是从观念出发来解释实践，而是从物质实践出发来解释各种观念形态"[2]。到了《哲学的贫困》和《雇佣劳动与资本》，马克思开始从生产关系入手来揭示"构成现代阶级斗

1　《马克思恩格斯选集》第 1 卷，人民出版社 2012 年版，第 196 页。
2　《马克思恩格斯选集》第 1 卷，人民出版社 2012 年版，第 171—172 页。

争和民族斗争的物质基础的**经济关系**"[1]。这些思想
在《共产党宣言》中得到了集中展现。在 1859 年《〈政
治经济学批判〉序言》中，马克思对这一基本思想作
出了精要的概括："人们在自己生活的社会生产中发
生一定的、必然的、不以他们的意志为转移的关系，
即同他们的物质生产力的一定发展阶段相适合的生产
关系。这些生产关系的总和构成社会的经济结构，即
有法律的和政治的上层建筑竖立其上并有一定的社会
意识形式与之相适应的现实基础。物质生活的生产方
式制约着整个社会生活、政治生活和精神生活的过程。
不是人们的意识决定人们的存在，相反，是人们的社
会存在决定人们的意识。"[2]

恩格斯在《费尔巴哈论》中延续了马克思对历
史唯物主义基本原理的说明，阐述了国家、法律等政
治上层建筑，以及哲学和宗教等观念上层建筑的阶级
属性及其社会经济基础。恩格斯指出："在现代历史
中，国家的意志总的说来是由市民社会的不断变化的
需要，是由某个阶级的优势地位，归根到底，是由生
产力和交换关系的发展决定的。"[3]在市民社会中，

1　《马克思恩格斯选集》第 1 卷，人民出版社 2012 年版，第
327 页。
2　《马克思恩格斯选集》第 2 卷，人民出版社 2012 年版，第
2 页。
3　《马克思恩格斯选集》第 4 卷，人民出版社 2012 年版，第
258 页。

即使并非以一种赤裸裸的方式，任何阶级的需要和利
益诉求总是要通过国家的意志和法律形式的普遍效力
表现出来。通过历史的分析可以看出，国家是由于保
护内外部安全和利益的需要而产生的，相对于社会具
有某种独立的外观。然而，这种独立的表现形式是
虚假的，它以政治斗争的形式掩盖了不
同阶级之间的经济矛盾。在生产力相对
落后、物质相对贫乏的时代，人们大部
分时间都耗费在满足物质需要的物质生
产活动中，经济矛盾表现为直接的、暴
力的国家统治形式。即使是到了以大工
业和铁路为代表的生产力相对发达的阶
段，国家依旧以集中的形式反映了支配
着生产的阶级的经济需要。

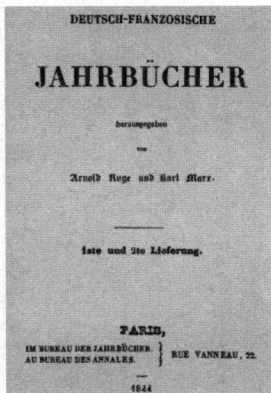

　　同国家一样，对法律的理解也应该追溯至它的经
济基础。在《德法年鉴》时期，马克思在批判黑格尔
法哲学时深刻地指出："法的关系正像国家的形式一
样，既不能从它们本身来理解，也不能从所谓人类精
神的一般发展来理解，相反，它们根源于物质的生活
关系"[1]。在《费尔巴哈论》中，恩格斯则更加突出
法律形式的虚假性和迷惑性。他指出："因为经济事
实要以法律的形式获得确认，必须在每一个别场合都

《德法年鉴》被恩格
斯称为德国"第一个
社会主义的刊物"，
主编是阿·卢格和马
克思。1844 年 2 月底
在巴黎用德文出版了
1-2 期合刊号，其中
发表了马克思和恩格
斯各两篇文章及
马克思的三封书信

1　《马克思恩格斯选集》第 2 卷，人民出版社 2012 年版，第 2 页。

采取法律动机的形式，而且，因为在这里，不言而喻地要考虑到现行的整个法的体系，所以，现在法律形式就是一切，而经济内容则什么也不是。"[1] 现代资本主义国家越来越依赖法的意识形态实施政治统治，掩盖并巩固着资产阶级利益及其经济基础。

　　至于哲学和宗教等观念上层建筑，它们似乎距离物质世界更远，并且同自身的物质存在条件的关系错综复杂，难以清晰地把握。恩格斯以近代欧洲的哲学和宗教变革为例加以说明。一方面，他指认了自文艺复兴开始的哲学的觉醒，其内容"本质上仅仅是那些和中小市民阶级发展为大资产阶级的过程相适应的思想的哲学表现"[2]；另一方面，恩格斯以新教的历史演变为例证明了："宗教一旦形成，总要包含某些传统的材料，因为在一切意识形态领域内传统都是一种巨大的保守力量。但是，这些材料所发生的变化是由造成这种变化的人们的阶级关系即经济关系引起的。"[3]

　　恩格斯认为，哲学的任务不再是构建一个包含绝对真理的理论大厦，而应当在特定社会历史条件内"沿着实证科学和利用辩证思维"对科学成果进行概括以

1　《马克思恩格斯选集》第 4 卷，人民出版社 2012 年版，第 260 页。

2　《马克思恩格斯选集》第 4 卷，人民出版社 2012 年版，第 260 页。

3　《马克思恩格斯选集》第 4 卷，人民出版社 2012 年版，第 263—264 页。

达到相对真理。就此而言，恩格斯认为哲学在黑格尔那里获得完成了的形式并走向终结："一方面，因为他在自己的体系中以最宏伟的方式概括了哲学的全部发展；另一方面，因为他（虽然是不自觉地）给我们指出了一条走出这些体系的迷宫而达到真正地切实地认识世界的道路。"[1]施特劳斯、鲍威尔、施蒂纳等人始终在哲学的领域中打转，认为"思想统治着世界，把思想和概念看作是决定性的原则，把一定的思想看作是只有哲学家们才能揭示的物质世界的秘密"[2]。包括费尔巴哈，哲学在他们看来是"不可逾越的障碍"和"不可侵犯的圣物"，故而现实本身始终在他们的视野之外。在经过唯物主义辩证法改造后，哲学的现实基础消失了，因此，"现在无论在哪一个领域，都不再是从头脑中想出联系，而是从事实中发现联系了。这样，对于已经从自然界和历史中被驱逐出去的哲学来说，要是还留下什么的话，那就只留下一个纯粹思想的领域：关于思维过程本身的规律的学说，即逻辑和辩证法"[3]。

　　在阐述唯物主义历史观时，恩格斯同样强调阶级

1　《马克思恩格斯选集》第 4 卷，人民出版社 2012 年版，第 226 页。
2　《马克思恩格斯全集》第 3 卷，人民出版社 1960 年版，第 16 页注释①。
3　《马克思恩格斯选集》第 4 卷，人民出版社 2012 年版，第 264 页。

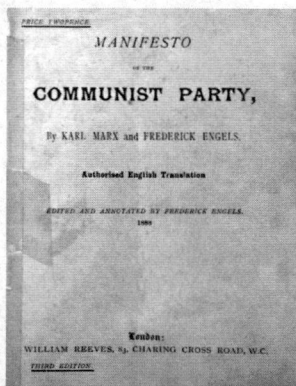

《共产党宣言》1888
年英文版

斗争在推动人类社会历史发展过程中的作用。在《共产党宣言》中，马克思恩格斯公开宣布：“至今一切社会的历史都是阶级斗争的历史。”[1] 在1888年为《共产党宣言》英文版所写的序言中，恩格斯再次进行了表述：“每一历史时代主要的经济生产方式和交换方式以及必然由此产生的社会结构，是该时代政治的和精神的历史所赖以确立的基础，并且只有从这一基础出发，这一历史才能得到说明；因此人类的全部历史（从土地公有的原始氏族社会解体以来）都是阶级斗争的历史，即剥削阶级和被剥削阶级之间、统治阶级和被压迫阶级之间斗争的历史”[2]。

《费尔巴哈论》再次重申了这一基本观点。随着生产力的发展，特别是大工业时代的到来，阶级斗争和利益冲突已经成为全部政治斗争的核心问题这一历史事实已经非常明显，并且已经为法国复辟时期的历史编纂学家所发现。而在阶级斗争的表象背后，实际上是经济要素在起着决定性作用。尤其在资产阶级和

1　《马克思恩格斯选集》第 1 卷，人民出版社 2012 年版，第 400 页。
2　《马克思恩格斯选集》第 1 卷，人民出版社 2012 年版，第 385 页。

无产阶级诞生之后，阶级关系消除了以往的等级特征，阶级矛盾越来越公开化、激烈化，直接表现为阶级对立，整个社会日益分裂成两大敌对阵营。隐藏在政治冲突后面的经济利益冲突越来越凸显，政治权力不过是用来实现经济利益的手段，两大阶级的起源和发展纯粹归结为经济的原因。一方面，这两大阶级都是生产方式变化的产物，它们是伴随着从行会手工业到工场手工业再到机器大工业的历史进程不断发展的；另一方面，资产阶级曾经作为先进生产力的代表，要求打破旧的生产秩序，推翻封建桎梏，现在却又不得不面对自己制造出来的无产阶级，因为大工业已经被狭隘的资本主义生产方式所束缚，造成了生产过剩和大众的贫困。

所以恩格斯指出："在现代历史中至少已经证明，一切政治斗争都是阶级斗争，而一切争取解放的阶级斗争，尽管它必然地具有政治的形式（因为一切阶级斗争都是政治斗争），归根到底都是围绕着**经济**解放进行的。……国家、政治制度是从属的东西，而市民社会、经济关系的领域是决定性的因素。"[1]资产阶级和无产阶级之间的矛盾根源在于生产力与生产关系的基本矛盾。生产力的发展促进了生产方式的变革，

---

1 《马克思恩格斯选集》第4卷，人民出版社2012年版，第257—258页。

引起整个社会关系的巨大调整。不过，同封建社会一样，资本主义社会也是人类历史发展的特定阶段，生产力的进一步发展将彻底变革与自身不相适应的生产关系、交往关系和资产阶级所有制，"这个曾经仿佛用法术创造了如此庞大的生产资料和交换手段的现代资产阶级社会，现在像一个魔法师一样不能再支配自己用法术呼唤出来的魔鬼了。……资产阶级用来推翻封建制度的武器，现在却对准资产阶级自己了。"[1]恩格斯在这里清楚地阐明了唯物史观的基本内容，说明了人类社会历史发展的一般规律及各种动力形式，论证了无产阶级的历史任务和使命，为工人阶级革命提供了科学理论指导。

1　《马克思恩格斯选集》第 1 卷，人民出版社 2012 年版，第 406 页。

四、《费尔巴哈论》相关重大理论问题辨析

《费尔巴哈论》的出版在工人运动中产生了重大影响，极大地传播了马克思主义主要内容。然而，由于社会历史条件的变化和马克思主义理论研究的不断深入，围绕《费尔巴哈论》产生了不少重大理论问题，引发了一系列争议和讨论。通过对这些重大理论问题的辨析，我们能够更充分地理解恩格斯在这部作品中的思想观点，继而更准确地把握马克思主义。

1. 历史地看待费尔巴哈与新世界观的创立

法国马克思主义哲学家路易·阿尔都塞在讨论马克思青年时期的思想发展时指出：在"1842 至 1844 年间，不仅马克思所使用的术语是费尔巴哈的术语（异化、类存在、整体存在、主谓'颠倒'等等），而且更重要的显然是：他的哲学总问题在本质上也是费尔

路易·皮埃尔·阿尔都塞（1918—1990），法国著名马克思主义哲学家，毕业于巴黎高等师范学院，师从法国著名哲学家、文学家加斯东·巴什拉，是结构主义马克思主义的代表人物，代表作有《保卫马克思》《读〈资本论〉》等

巴哈的总问题"[1]。根据恩格斯在《费尔巴哈论》中的表述，费尔巴哈唯物主义在黑格尔学派解体后的一段时期内扮演了非常重要的角色。与德国宗教进行斗争的现实需要将一批青年黑格尔派分子推向英国和法国的唯物主义，而费尔巴哈则直接使得唯物主义"重新登上王座"。马克思和恩格斯在此期间都在自己思想的发展历程中遭遇了费尔巴哈，并受到其唯物主义的激励，我们有必要先了解马克思和恩格斯究竟如何"一时都成为费尔巴哈派了"。

1836 年，马克思离开波恩大学到柏林大学继续学习法律。对于马克思而言，其要想在法学领域获得真正进步离不开哲学基础的变革。而对于当时在柏林

19 世纪 40 年代的柏林大学

1　[法]路易·阿尔都塞：《保卫马克思》，顾良译，商务印书馆 2010 年版，第 28 页。

大学占据主导地位的黑格尔哲学，马克思并不
太感兴趣，倒是比较亲近康德、费希特式的"理
想主义"。

　　然而，当马克思开始尝试构建一套属于
自己的法哲学体系时，他痛苦地发现自己不
得不转向黑格尔，被"诱入敌人的怀抱"[1]。
在阅读黑格尔著作的过程中，马克思加入了
一个博士俱乐部，成为青年黑格尔派的一员。
青年黑格尔派关注宗教问题，认为应当将一切
都放置在理性的检验中，宗教的形式本质上
是一种纯粹的神话。从 1835 年大卫·施特劳
斯发表《耶稣传》后，青年黑格尔派的宗教批
判与现实的政治运动愈加紧密地联系在一起，
产生越来越大的影响。在青年黑格尔派成员、柏林大
学神学讲师布鲁诺·鲍威尔的建议下，马克思原本计
划博士毕业后取得波恩大学的教职。然而事与愿违，

大卫·施特劳斯
(1808—1874)，青年
黑格尔派代表人物
之一，代表作为《耶
稣传》

布鲁诺·鲍威尔（1809—1882），德国哲学家，
青年黑格尔派代表人物之一，与自己的兄弟
埃德加·鲍威尔和埃格伯特·鲍威尔及追随
者被马克思恩格斯戏称为"神圣家族"，代
表作有《福音的批判及福音起源史》《斐洛、
施特劳斯、勒男与原始基督教》等

1　《马克思恩格斯全集》第40卷，人民出版社1982年版，第15页。

《莱茵报》，全称为《莱茵政治、商业和工业日报》

马克思的这一计划落空，转而来到德国《莱茵报》担任编辑。

正是在《莱茵报》工作期间，马克思的思想发生了第一次重要转变，哲学立场从唯心主义转向唯物主义，政治立场从革命民主主义转向共产主义。由于要对林木盗窃法等物质利益问题发表评论，马克思不得不开始重新审视物质利益与国家和法的关系，逐渐放弃了黑格尔的理性国家观，即国家、议会不再是理性的化身，而是沦为了私人利益的工具。这促使他不得不思考对黑格尔法哲学作系统的批判。在此期间，马克思还阅读了英法空想社会主义者和共产主义者的著作，思想上日益激进，他主持的《莱茵报》也由于激进的政治倾向引起了普鲁士官方的警惕，最终于1843年3月被查封。

阿尔诺德·卢格（1802—1880），德国政论家，青年黑格尔派成员之一，创办了《哈雷年鉴》《莱茵报》等刊物

虽然《莱茵报》被查封，但马克思并未停止思考，他着手对黑格尔法哲学发起批判，费尔巴哈也是在这时走进了马克思的视野。马克思在一年前曾经阅读过费尔巴哈的《基督教的本质》，但似乎印象不深。当马克思1843年看到费尔巴哈的《关于哲学改造的临时纲要》时，对书中所阐述的思维与存在的关系问题，以及主宾颠倒法非常感兴趣。

费尔巴哈的唯物主义思想早在1839年的《黑格尔哲学批判》中已经基本成形，《关于哲学改造的临时纲要》与之相比并无实质性变化。然而，特定的时

图为19世纪40年代砍柴的妇女。捡拾枯枝烂叶传统上并不受法律的限制，但由于19世纪20年代以来持续的农业危机的消极影响和工业需求的增加，对林木问题的法律干涉越来越多。当时普鲁士的起诉案件中，有关林木问题的案件比例高达5/6。马克思后来说："1842—1843年间，我作为《莱茵报》的编辑，第一次遇到要对所谓物质利益发表意见的难事。莱茵省议会关于林木盗窃……的讨论……是促使我去研究经济问题的最初动因。"（《马克思恩格斯选集》第2卷，人民出版社2012年版，第1—2页。）

《莱茵报》的葬仪。这是一幅当时讽刺《莱茵报》被弗里德里希·威廉四世查封的石版画

代条件将费尔巴哈的唯物主义哲学推向了台前。《莱茵报》被查封，不仅意味着黑格尔理性主义国家观的破产，也标志着青年黑格尔派运动的失败。因此，站在黑格尔思辨哲学对立面的费尔巴哈获得了极大的关注，一批激进的青年黑格尔派成员开始研究和运用费尔巴哈哲学。例如，莫泽斯·赫斯受费尔巴哈主宾颠倒法启发，将异化批判从宗教领域推广到经济领域，阐述了一种货币异化理论。对于马克思而言，此时费尔巴哈对他的影响主要体现在《黑格尔法哲学批判》上。

《黑格尔法哲学批判》手稿

在《黑格尔法哲学批判》中，马克思更多的是用费尔巴哈的思想资源更新了自己在《莱茵报》时期业已形成的具有唯物主义倾向的社会政治批判，完成对黑格尔所谓"逻辑的、泛神论的神秘主义"的彻底清算，这主要是围绕着对黑格尔法哲学中的国家合法的关系的批判展开。

在黑格尔那里，国家决定市民社会，决定家庭。与之相反，马克思从客观现实出发，强调要将黑格尔那里被思辨的思维所颠倒的社会关系重新翻转过来，指明家庭和市民社会是国家的前提和动力，政治国家如果没有家庭的自然基础和市民社会的人作为基础就不可能存在，应该通过经济关系及其发展来解释政治及其历史。借用费尔巴哈主宾颠倒的方法，马克思在论述国家与个人关系时进一步指出："黑格尔从国家出发，把人变成主体化的国家。民主制从人出发，把国家变成客体化的人。正如同不是宗教创造人，而是人创造宗教一样，不是国家制度创造人民，而是人民创造国家制度。"[1] 而黑格尔法哲学之所以采取这种颠倒的形式，马克思认为其秘密正是在于黑格尔思辨唯心主义的实质就是"逻辑的、泛神论的神秘主义"："观念变成了主体，而家庭和市民社会对国家的**现实的**关系被理解为观念的**内在想像**活动。家庭和市民社会都是国家的前提，它们才是真正活动着的；而在思辨的思维中这一切却是颠倒的"[2]，"黑格尔在任何地方都把观念当作主体，而把本来意义上的现实的主体，例如，'政治信念'变成谓语"[3]。对现实关系的扭曲和颠倒，导致原本作为出发点的现实事物在黑格尔那里成为思维和观念的产物，观念被解释为一切经验事实的终极原因。

如果说在《黑格尔法哲学批判》里，马克思对

---

1 《马克思恩格斯全集》第 3 卷，人民出版社 2002 年版，第 40 页。
2 《马克思恩格斯全集》第 3 卷，人民出版社 2002 年版，第 10 页。
3 《马克思恩格斯全集》第 3 卷，人民出版社 2002 年版，第 14 页。

《1844 年经济学哲学手稿》原始手稿

费尔巴哈的学习与运用是隐性的，更多体现在一些术语的使用上，那么到了《1844年经济学哲学手稿》中，马克思则在多处高度称赞了费尔巴哈。在他看来，费尔巴哈的功劳绝不仅仅局限于宗教批判领域："对国民经济学的批判，以及整个实证的批判，全靠**费尔巴哈**的发现给它打下真正的基础。从费尔巴哈起才开始了**实证的**人道主义的和自然主义的批判。……费尔巴哈著作是继黑格尔的《现象学》和《逻辑学》之后包含着真正理论革命的惟一著作。"[1]

除此之外，在着手对黑格尔进行第二次批判时，马克思认为施特劳斯和鲍威尔等人虽然宣称在批判"旧世界的内容"，但"完全拘泥于所批判的材料，以致对批判的方法采取完全非批判的态度"。[2]也就是说，他们依旧没有真正摆脱黑格尔思辨哲学自我意识的狭隘性。相对的，马克思认为："**费尔巴哈**是惟一对黑格尔辩证法采取**严肃的**、**批判的**态度的人；只

1　《马克思恩格斯全集》第 3 卷，人民出版社 2002 年版，第 220 页。
2　参见《马克思恩格斯全集》第 3 卷，人民出版社 2002 年版，第 312 页。

有他在这个领域内作出了真正的发现，总之，他真正克服了旧哲学。"[1] 费尔巴哈跳出了黑格尔的逻辑框架，以唯物主义实施了对唯心主义的革命，用感性的人的现实生活取代了黑格尔那里的抽象的神。除此之外，马克思还详细列举了费尔巴哈的三个"伟大功绩"："（1）证明了哲学不过是变成思想的并且通过思维加以阐明的宗教，不过是人的本质的异化的另一种形式和存在方式；因此哲学同样应当受到谴责；（2）创立了**真正的唯物主义**和**实在的科学**，因为费尔巴哈也使'人与人之间的'社会关系成了理论的基本原则；（3）他把基于自身并且积极地以自身为根据的肯定的东西同自称是绝对肯定的东西的那个否定的否定对立起来。"[2]

在《神圣家族》中，马克思再次确认了费尔巴哈唯物主义哲学相较于施特劳斯与鲍威尔的自我意识哲学，在批判黑格尔唯心主义上所取得的成就。他认为："只有费尔巴哈才是从黑格尔的观点出发而结束和批判了黑格尔的哲学。费尔巴哈把形而上学的绝对精神归结为'以自然为基础的现实的人'，从而完成了对宗教的批判。同时也巧妙地拟定了对黑格尔的思辨以

1　《马克思恩格斯全集》第 3 卷，人民出版社 2002 年版，第 314 页。
2　《马克思恩格斯全集》第 3 卷，人民出版社 2002 年版，第 314—315 页。

恩格斯的故乡——莱茵省杜塞尔多夫附近的巴门（1840年前后）。它是当时德国工业化程度最高的地区，被称为"小曼彻斯特"

及一切形而上学的批判的基本要点。"[1]

恩格斯又是如何遭遇费尔巴哈的呢？1820年，恩格斯出生于德国巴门一个严格奉行虔信主义的家庭。青年时期的恩格斯很早就对保守的家庭宗教氛围感到厌恶。为了摆脱家庭、学校和社会带来的宗教影响，恩格斯决心同宗教信仰决裂，反对专制统治，并在大卫·施特劳斯的影响下学习黑格尔哲学。

起初，恩格斯是经由德国激进文学团体青年德意志来反对宗教神秘主义，提倡运用人的理性获得自由与解放。在他看来，"只有能够经受理性检验的学说，才可以算做神的学说"[2]。此后，恩格斯在政治立场上愈加激进，在宗教态度上更加自由，并对社会现实

1　《马克思恩格斯全集》第2卷，人民出版社1957年版，第177页。

2　《马克思恩格斯全集》第47卷，人民出版社2004年版，第184页。

问题抱有强烈的兴趣。不过，在阅读过施特劳斯《耶稣传》中对基于"基督教的神话起源的观念"的重新书写后，恩格斯不再满足于用文学的方式揭露宗教愚昧，强调必须运用理性分析和思维来揭示宗教本质。通过施特劳斯对教义的历史性分析，恩格斯理解了应当在历史中寻找精神自由及其实现，开始重视用过程性的历史观点来理解和解释某种观念或事物。正是这段经历引起了他对黑格尔哲学的强烈兴趣。在 1839 年底写给好友威廉·格雷培的信中，恩格斯说："我正处于要成为黑格尔主义者的时刻。我能否成为黑格尔主义者，当然还不知道，但施特劳斯帮助我了解了黑格尔的思想，因而这对我来说是完全可信的。何况他的（黑格尔的）历史哲学本来就写出了我的心里话。"[1] 通过对黑格尔《历史哲学》的阅读，恩格斯重新思考了理性与个体相统一等问题，并提出了"螺线说"的历史观点。

　　1841 年，恩格斯来到柏林服兵役，并与青年黑格尔派保持紧密联系。这一年，费尔巴哈的《基督教的本质》出版了。书中将唯物主义与人道主义相结合，尤其在宗教批判方面论证了宗教的秘密就在于人本身，这激起了同样关注宗教本质和黑格尔哲学的恩格

1　《马克思恩格斯全集》第 47 卷，人民出版社 2004 年版，第 224 页。

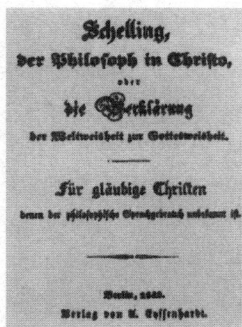

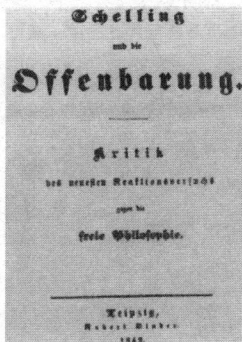

《谢林和启示》和
《谢林——基督哲学
家，或世俗智慧变
为上帝智慧》扉页

斯的兴趣。在他看来，费尔巴哈同施特劳斯、鲍威尔等青年黑格尔派成员一样，用宗教批判取代了青年德意志肤浅的文学批判。通过对这一时期恩格斯为批评谢林所写的《谢林论黑格尔》《谢林和启示》《谢林——基督哲学家，或世俗智慧变为上帝智慧》这三篇文章的考察，我们能清楚地看到恩格斯积极吸收了许多费尔巴哈的思想，特别是他的宗教批判和人本主义唯物主义。

恩格斯反感谢林对黑格尔哲学的扭曲和攻击，肯定了黑格尔关于宗教思辨的学说包含着一些新的东西，认为费尔巴哈和施特劳斯对宗教秘密的揭示是对黑格尔有关宗教思想的一种补充。恩格斯说："费尔巴哈对基督教的批判，是对黑格尔创立的关于宗教的思辨学说的必要补充。这种学说在施特劳斯那里达到了顶峰，教义通过本身的历史**客观地**在哲学思想中获得解答。同时，费尔巴哈把宗教的定义归结为**主观的**人的关系，但是这不仅决没有扬弃施特劳斯的结论，而是恰恰验证了这些结论，他们两人都得出同一结论：神学的秘密是人类学。"[1]并且，恩格

1　《马克思恩格斯全集》第 2 卷，人民出版社 2005 年版，第 391 页。

斯认为费尔巴哈哲学包含着如下结论："理性只有作为精神才能存在，精神则只能在自然界内部并且和自然界一起存在，而不是比如脱离整个自然界，天知道在什么地方与世隔绝地生存着。"[1] 可见，恩格斯此时虽然没有完全摆脱唯心主义，但已经基本接受了费尔巴哈的人本主义唯物主义，强调对人的自然规定性的重视。

1842 年 10 月，恩格斯结束一年期的兵役，路过科隆时拜访了《莱茵报》编辑部并接触到赫斯。作为青年黑格尔派中第一位宣讲共产主义的人，赫斯认为费尔巴哈哲学的人道主义与法国的阶级斗争观念就要通过共产主义革命在经济最发达的国家——英国被付诸实践了。[2] 于是，恩格斯决定来到父亲工厂所在的英国曼彻斯特，将自己的商业任务与政治兴趣结合起来。

从 1842 年到 1844 年，恩格斯在曼彻斯特的经历对他思想的发展具有决定性影响："从这时起，恩格斯就逐渐地摆脱费尔巴哈的影响而向历史唯物主义转变，这一进程是和他对英国工业发展历史和社会状况

莫泽斯·赫斯（1812—1875），德国哲学家、社会主义者，早期犹太复国主义者之一，代表作有《人类的圣史》《欧洲三头政治》《罗马与耶路撒冷：最后的民族问题》等

1　《马克思恩格斯全集》第 2 卷，人民出版社 2005 年版，第 355 页。

2　参见 [英] 戴维·麦克莱伦《恩格斯传》，臧峰宇译，中国人民大学出版社 2017 年版，第 10 页。

19 世纪 40 年代的英国曼彻斯特

的进一步研究密切联系在一起的。"[1] 在此期间，恩格斯深刻分析了英国的经济和社会矛盾，特别是在《国民经济学批判大纲》《英国工人阶级状况》和三篇名为《英国状况》的系列文章（即《英国状况——

恩格斯 1842 年手稿中所画的讽刺画《卢格在柏林"自由人"中间》

1　孙伯鍨：《探索者道路的探索》，南京大学出版社 2002 年版，第 152 页。

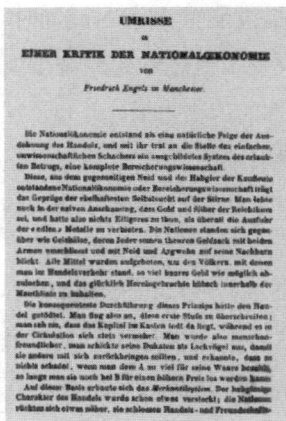

《国民经济学批判大纲》　　　　　《英国工人阶级状况》

评托马斯·卡莱尔的〈过去和现在〉》《英国状况——
十八世纪》和《英国状况——英国宪法》）中深化了
自己对物质利益和现实社会关系的理解，为后来历史
唯物主义的形成打下基础。

　　在这些作品中，恩格斯依旧肯定了费尔巴哈哲学。
例如在《国民经济学批判大纲》中肯定了主宾颠倒法
对于理解价值与价格关系的意义；在批评现代基督教
世界秩序时重申了费尔巴哈对宗教秘密的彻底揭示：
"据说应当创立一种新的宗教，即泛神论的英雄崇拜、
劳动崇拜，或者应当等待将来产生这样一种宗教。这
是不可能的；产生宗教的可能性一点也没有；继基督
教，继绝对的即抽象的宗教之后，继'宗教本身'之后，
不可能再出现任何其他形式的宗教。……费尔巴哈

又一次使我对此不必费心去提供证明。"[1]但与此同时，恩格斯的历史观正在发生改变。他观察到经济事实已经成为现代世界中的决定性的历史力量，并且"这些经济事实形成了现代阶级对立所由产生的基础；这些阶级对立，在它们因大工业而得到充分发展的国家里，因而特别是在英国，又是政党形成的基础，党派斗争的基础，因而也是全部政治历史的基础"[2]。随着恩格斯政治经济学批判的进一步深入，以及他和马克思建立起牢固的合作关系，费尔巴哈哲学在历史观上的唯心主义本质成为必须予以清算的对象。

总而言之，我们能看到费尔巴哈对青年时期的马克思和恩格斯都产生了重要影响。问题的关键在于，这种影响究竟在多大程度上推动了两人新世界观的创立。

首先，费尔巴哈对基督教乃至整个宗教的批判具有一定的进步意义。在19世纪30年代至40年代的德国，封建制度加速瓦解，资产阶级和无产阶级快速发展，各阶级之间的矛盾日益突出，反封建、反宗教和反资产阶级的斗争日益尖锐化。而占据统治地位的封建势力压制一切革命的声音，并继续用基督教教义

---

1 《马克思恩格斯全集》第3卷，人民出版社2002年版，第518—519页。
2 《马克思恩格斯全集》第21卷，人民出版社1965年版，第247页。

麻醉人们，即使像黑格尔这样的思想家看到了普鲁士
国家的落后与保守，也只能以宗教哲学的方式"委婉"
地表达出来。所以，在黑格尔哲学解体之后，施特劳斯、
鲍威尔等人立马将批判的矛头首先指向了宗教。马克
思也说过："对宗教的批判是其他一切批判的前提。"[1]
从这一点来看，费尔巴哈的宗教批判无疑是具有进步
意义的。

基于对黑格尔逻辑体系的批判，费尔巴哈指明基
督教神学并不会使人真正获得安慰和幸福，反而是在
虚假的宗教幻想中继续丧失自己的本质，在追逐彼岸
世界的同时远离了此岸世界，造成人的永久沉沦。费
尔巴哈认为："首先必须有自然，然后才有与自然不
同的东西把自然摆在面前，作为自己意欲和思想的对
象。从无理智进到理智，乃是到人生哲学的途径，从
理智进到无理智，则是到神学疯人院去的大路。"[2]
在他看来，神学使人丧失心智，只有回到自然才是幸
福的源泉。

其次，费尔巴哈在进行宗教批判时强调了对"人"
的关注。他深刻地揭示了神学的秘密是人本学。他
说："上帝之意识，就是人之自我意识；上帝之认识，
就是人之自我认识……人认为上帝的，其实就是他自

1　《马克思恩格斯选集》第 1 卷，人民出版社 2012 年版，第 1 页。
2　《费尔巴哈哲学著作选集》下卷，荣震华等译，生活·读书·新
　　知三联书店 1962 年版，第 447 页。

己的精神、灵魂，而人的精神、灵魂、心，其实就是
他的上帝：上帝是人之公开的内心，是人之坦白的自
我"，"属神的本质之一切规定，都是属人的本质之
规定"。[1] 所以，未来哲学一定是属人的哲学。这种
哲学"是与人之真正的、现实的、整个的本质相适应
的，正因为如此，所以是与一切由于沉迷于超乎人的、
反人的和反自然的宗教和思辨之中而执迷不悟的人相
抵触的"[2]。这种未来哲学要从天国下降到人间，"从
绝对哲学中，亦即从神学中将人的哲学的必要性，亦
即人类学的必要性推究出来，以及通过神的哲学的批
判而建立人的哲学的批判"[3]。

　　最后，费尔巴哈打破了各种唯心主义的统治，恢
复了唯物主义在思想史上的地位。费尔巴哈在批判黑
格尔逻辑学的过程中，确立了自然较之于绝对观念的
优先性，认为自然是第一性。他认为，作为哲学起点
的不应当是上帝或者某种"绝对"，必须要从有限、
特定和现实出发，应当承认感觉的第一性。在思维与
存在的关系问题上，费尔巴哈同样旗帜鲜明地表现了
他的唯物主义基本立场。他说，"黑格尔的绝对精神

1　《费尔巴哈哲学著作选集》下卷，荣震华等译，生活·读书·新
　　知三联书店 1962 年版，第 38—39 页。
2　《费尔巴哈哲学著作选集》下卷，荣震华等译，生活·读书·新
　　知三联书店 1962 年版，第 13 页。
3　《费尔巴哈哲学著作选集》上卷，荣震华、李金山等译，商
　　务印书馆 1984 年版，第 121 页。

不是别的，只是抽象的，与自己分离了的所谓有限精神，正如神学的无限本质不是别的，只是抽象的有限本质一样。"[1] 思维并不是存在的原因，而是存在的结果。费尔巴哈的这些观点，都深刻地影响了青年时期的马克思和恩格斯。

2. 准确地把握马克思主义哲学的革命意义

从 1844 年开始，马克思思想发生重大转变，即从人本学唯物主义转向了以"实践"为核心范畴的新唯物主义。这一转变孕育于《1844 年经济学哲学手稿》，在《神圣家族》中拉开序幕，最终以《关于费尔巴哈的提纲》和《德意志意识形态》作为标志宣告完成。

恩格斯指出："费尔巴哈没有走的一步，必定会有人走的。……这个超出费尔巴哈而进一步发展费尔巴哈观点的工作，是由马克思于 1845 年在《神圣家族》中开始的。"[2] 在 1844 年马克思和恩格斯会面后，两人都自觉地意识到思辨唯心主义对无产阶级革命和人道主义的危害，对以布鲁诺·鲍威尔为代表的主张自我意识的青年黑格尔派进行理论批判被提上议程，于

1　《费尔巴哈哲学著作选集》上卷，荣震华、李金山等译，商务印书馆 1984 年版，第 104 页。
2　《马克思恩格斯选集》第 4 卷，人民出版社 2012 年版，第 247 页。

《神圣家族》是马克思和恩格斯第一部合作作品，创作于 1844 年 9 月至 11 月，是一部论战性质的作品，集中批判了以布鲁诺·鲍威尔为代表的青年黑格尔派和黑格尔思辨哲学。图为《神圣家族》1845 年第一版的扉页

是有了两人合作的第一部作品——《神圣家族》。

在《神圣家族》那里，恩格斯认为马克思在受到费尔巴哈世界观的"强烈影响"的同时，也坚持了"种种批判性的保留意见"[1]。一方面，他认为"费尔巴哈把形而上学的**绝对精神**归结为'**以自然为基础的现实的人**'，从而完成了**对宗教的批判**。同时也巧妙地拟定了**对黑格尔的思辨以及一切形而上学的批判的基本要点**"[2]。另一方面，在以"经验事实"为出发点回答究竟什么是现实、现实的人等问题时，一条强调从物质生活资料出发考察人与人的社会关系的现实逻辑正在逐步生成，这是与基于抽象的"人的本质"的价值悬设的人本主义思辨哲学完全相反的逻辑。

从两人的创作目的来看，他们是以批判青年黑格尔派的主观唯心主义和黑格尔的思辨哲学为主要任务的，而完成这项任务的方法是继续沿用费尔巴哈的唯物主义。不同于布鲁诺·鲍威尔等人把自我意识解释为世界的本质，用精神的运动来说明历史，马克思和恩格斯认为，鲍威尔等人的自我意识哲学实质上是一

1　《马克思恩格斯选集》第 4 卷，人民出版社 2012 年版，第 228 页。

2　《马克思恩格斯全集》第 2 卷，人民出版社 1957 年，第 177 页。

种主观唯心主义，不过是黑格尔思辨唯心主义的庸俗
化的复活，并没有太多的新意，这种哲学否认了人之
外的自然界，也否定了作为自然存在物的人本身。而
在实践层面，鲍威尔等人的自我意识哲学实际上取消
了工人阶级的现实斗争，将其消解为一种纯粹的理论
批判的思维过程，"把**现实的、客观的、在我身外存
在着的链条变成只是观念的、**只是**主观的、**只是**在我
身内**存在着的链条，因而也就把一切**外部的**感性的斗
争都变成了纯粹观念的斗争"[1]。在他们眼里，社会
主义通过在头脑中去除资本、雇佣劳动等范畴就能够
实现。

对此，马克思和恩格斯强调从社会历史本身的现
实出发，从工人们实际"痛苦地感觉到**存在**和**思维、
意识**和**生活**之间的**差别**"[2]出发，来认识资本、金钱、
雇佣劳动对工人的剥削和压迫。因此，不同于鲍威尔
等人的"社会主义"，"世俗社会主义的第一个原理
就否认**纯理论领域内**的解放，认为这是幻想，为了**真
正的**自由它除了要求唯心的'**意志**'外，还要求完全
能感触得到的物质的条件"，必须"进行物质的、
实际的变革"才能实现消灭资本主义的共产主义运

1　《马克思恩格斯全集》第 2 卷，人民出版社 1957 年版，第
　　105 页。
2　《马克思恩格斯全集》第 2 卷，人民出版社 1957 年版，第 66 页。

动。[1]由此可见，青年黑格尔派在解释社会历史时完全站在了历史唯心主义立场，将自我意识看作人类历史发展的唯一动力。

　　正是在批判这种唯心史观的过程中，马克思和恩格斯逐渐从抽象的人本主义立场转向对社会历史现实本身的考察，提出了一系列接近历史唯物主义的基本观点。在《神圣家族》中，马克思强调物质生产是历史的发源地。青年黑格尔派只知道历史上政治、文学和神学的重大事件，他们"认为历史发源地不在尘世的粗糙的**物质**生产中，而是在天上的云雾中"[2]。对此，马克思反问道："难道批判的批判以为，它不去认识（比如说）某一历史时期的工业和生活本身的直接的生产方式，它就能真正地认识这个历史时期吗？"[3]对于马克思而言，社会历史的秘密不在人的头脑中，而是必须深入到不被哲学家们看重的粗糙的物质生产领域，实际地研究不同历史时期的工业状况和生活本身。在对"人"的理解方面，马克思和恩格斯继续使用"市民社会"这一术语概括现实社会关系，认为应当从人对物质生活资料的依赖这个方面出发，考察人

1　参见《马克思恩格斯全集》第 2 卷，人民出版社 1957 年版，第 121 页。

2　《马克思恩格斯全集》第 2 卷，人民出版社 1957 年版，第 191 页。

3　《马克思恩格斯全集》第 2 卷，人民出版社 1957 年版，第 191 页。

与人之间在物质生产过程中形成的相互关系，看到正
是人们各自的生产活动和产品的相互补充、相互满足
需要形成了人们之间的社会关系。除此之外，通过对
法国大革命的历史研究，马克思和恩格斯明确指出了
人民群众是历史的创造者，阐明了阶级斗争、社会革
命同物质利益的关系。"批判的批判"忽视甚至敌视
广大的人民群众，认为后者是非批判的、消极的、精
神空虚的一群人。马克思和恩格斯则针锋相对地指出，
工人才是一切的创造者，历史活动是群众的事业，而
"'思想'一旦离开'利益'，就一定会使自己出丑"[1]。
总之，在《神圣家族》中，马克思和恩格斯是从历史
而非观念的理论视界出发来考察人类社会历史，不断
发展的现实逻辑开始逐步显现，在哲学基本立场、
社会历史和社会革命等系列问题中得到初步的表述，
"工业"的现实历史成为马克思分析资本主义社会的
主导理论逻辑。马克思已经开始全面走出费尔巴哈人
本学唯物主义的阴影，酝酿着一种新的哲学范式。而
1845 年写作的《关于费尔巴哈的提纲》则标志着这
种新哲学范式的问世。

在这份被恩格斯称为"包含着新世界观的天才萌

---

1 《马克思恩格斯全集》第 2 卷，人民出版社 1957 年版，第
   103 页。

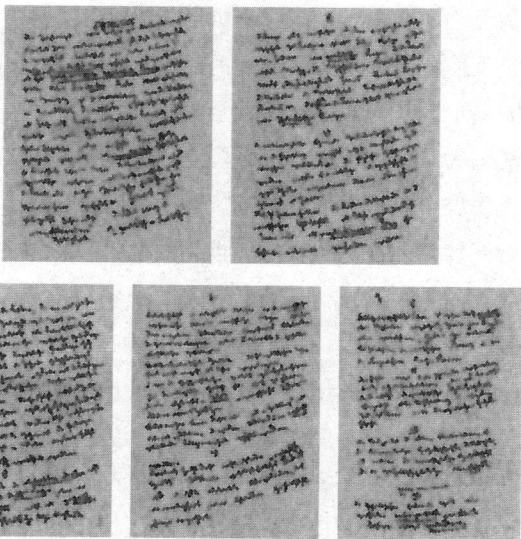

《关于费尔巴哈的提纲》主要由11条简明扼要、高度凝练的论点构成，实践的观点作为"新唯物主义"的核心观点贯穿于其中。在这份"包含着新世界观的天才萌芽的第一个文献"中，马克思围绕实践概念，阐述了唯物史观的基本观点，对宗教的本质、人的本质和社会生活的本质等问题一一作出了回答。图为《关于费尔巴哈的提纲》五页手稿

芽的第一个文献"[1] 中，马克思列下了11个非常重要的思想要点，宣告了与包括费尔巴哈在内的一切旧唯物主义分道扬镳，自觉扬弃了基于先验的、抽象的人的本质形成的异化史观和异化批判理论逻辑，确立了以具体的、历史的和现实的实践范畴为核心的新唯物主义哲学范式。

---

1   《马克思恩格斯选集》第4卷，人民出版社2012年版，第219页。

　　在思想史上，"实践"是一个历史悠久的哲学概念。在亚里士多德那里，人们的思想和活动被划分为三个不同的种类，分别是理论、实践和创制。理论是对世界的不变本质和永恒规律的探索，因而追问的是事物的普遍性和必然性；实践包括伦理和政治两种行为，是对人们的伦理和政治行为的思考，它考察的是人与人之间复杂的社会关系；创制则指向劳动和技艺活动。[1] 其中，实践不同于理论，它的目标不是普遍性的理论，考察的是人的行为和选择；实践也不同于创制，它不以自身为目的，而是以外在的产品为目的。在现实层面，自由人从事着伦理和政治的实践，而从事创制活动的是奴隶。到了中世纪，实践范畴发生了混乱，用康德的话讲就是"把按照自然概念的实践和按照自由概念的实践等同起来"，实践范畴发生错位。有鉴于此，康德重新界定了上述两种不同实践范畴的内涵和作用：一种是"按照自然概念的实践"，遵从着因果律的规定，也被称为"技术实践"；另一种则是"按照自由概念的实践"，其基于某种超感性的原则，目的正是帮助人们摆脱因果律限制，达到真正的自由，也被称为"道德实践"。而黑格尔继承了

亚里士多德（前384—前322），古希腊人，世界古代史上伟大的哲学家、科学家和教育家之一，希腊哲学的集大成者

1　参见 [古希腊] 亚里士多德《形而上学》，吴寿彭译，商务印书馆 1959 年版，第 118—119 页。

康德实践范畴中追求自由的规定，强调通过实践达到真正的主客体统一。当然，这里的主客体统一是仅就绝对精神而言的，实践就是绝对精神自我运动、不断扬弃自身、最终自我实现的历史活动，而劳动和伦理是它不同的形式。作为黑格尔哲学的批判者，费尔巴哈同样也讲实践，然而他只是从客体的角度理解实践，将它指认为一种犹太人所从事的卑污的买卖活动，这种实践的基本原则是利己主义，而且是以宗教为形式的利己主义。

基于对现代工业生产的重视与考察，马克思赋予了"实践"以具体的社会历史内容。实践不再是一种主体能动的精神活动，也不仅仅是纯粹生物学意义上满足人的需要的卑污的活动，而是人类主体按照自身需要进行的改造客观世界的物质活动。它既是一种感性的物质活动，也是一种主体的能动活动。通过对"实践"的论述，思维和存在、主体和客观实现了统一，人与自然、人与他人以及人与自身的关系都得到了全新的理解和革命性改造。

马克思对"实践"的理解也经历了一个不断深入发展的过程。早在撰写博士论文时期，马克思就强调哲学的理论批判活动是哲学实践最重要的品质，实践意味着主体对自身理性的把握和运用，而实践的最终目的就是要实现哲学的世界化和世界的哲学化。显然，这一观点具有强烈的唯心主义色彩。而在《莱茵报》

时期，受费尔巴哈唯物主义影响，马克思在实施对黑格尔法哲学的批判时，由理性批判转向政治批判，强调必须将对天国的批判变成对尘世的批判，将对宗教的批判变成对法的批判，将对神学的批判变成对政治的批判。因而，这一时期马克思所说的"实践"，指向的是政治批判和推翻现存制度的实际斗争，这种实践不仅需要"批判的武器"即革命理论，还需要"武器的批判"，即掌握革命理论的无产阶级进行实际政治斗争。在《1844年经济学哲学手稿》中，通过对"劳动异化"的系统论述，马克思已经初步把握了实践活动的最基本的内容也就是生产实践的基本特征，包括劳动的主体性、创造性和客观性，强调劳动实践要以客观的自然界的存在为前提。到了《神圣家族》中，马克思和恩格斯已经直接将物质生产指认为历史的发源地，把现实的生产劳动看作实践的基本内容。与此同时，他们进一步强调了理论对于实践的依赖性，指出"为了实现思想，就要有使用实践力量的人"[1]。

在《关于费尔巴哈的提纲》中，实践被当作马克思主义哲学的基本范畴提了出来。通过实践范畴建立起的全新的世界观，不仅唯心主义，包括费尔巴哈在内的一切旧的唯物主义哲学都得到重新审视，它们的

1　《马克思恩格斯全集》第2卷，人民出版社1957年版，第152页。

局限性充分暴露了出来。

在《关于费尔巴哈的提纲》中，马克思批判旧唯物主义由于不懂得社会实践，因而只能以客体的、直观的方式处理对象，把客观世界仅仅当作认识的对象，而不是实践的对象。他指出："从前的一切唯物主义（包括费尔巴哈的唯物主义）的主要缺点是：对对象、现实、感性，只是从**客体**的**或者直观**的形式去理解，而不是把它们当做**感性的人的活动**，当做**实践**去理解，不是从主体方面去理解。"[1]费尔巴哈等旧唯物主义哲学家虽然与唯心主义划清了界限，承认认识对象的客观性，但只是停留在单纯直观的水平静观对象，不了解主体与客体、人与自然界的关系实际上是一种改造与被改造的关系，而绝不仅仅是一种单纯的反映与被反映的关系。相反，唯心主义者是肯定主体精神、意志等方面的能动性的，然而他们抛开了人们精神活动的社会历史性特征，不懂得现实的、感性的活动，于是"抽象地发展了"这种能动作用，认为世界是精神创造的结果。我们应当看到，正是在实践的基础上，主体能够按照自己的需要能动地对对象加以历史地、物质地改造。

所以，一方面，人们的社会历史生活的本质是实

1　《马克思恩格斯选集》第 1 卷，人民出版社 2012 年版，第 133 页。

践的，社会存在和发展都是以人们的实践活动为根本
前提的，因而只有透过实践才能真正理解社会生活的
本质和历史发展规律；另一方面，人们认识的本质也
必须被放在实践的维度重新考量。马克思指出："人
的思维是否具有客观的真理性，这不是一个理论的问
题，而是一个**实践的**问题。人应该在实践中证明自己
思维的真理性，即自己思维的现实性和力量，自己思
维的此岸性。"[1] 实践既是人们认识的来源、动力和
目的，同样也是衡量人们的认识正确与否的最终标准。
只有在改造客观世界的实践活动中，人们的主观认识
才能够实际地与客观现实发生联系，而实践的效果则
为我们检验认识的科学性提供了最有力的证明。离开
实践去谈真理、谈历史，最终都会像费尔巴哈那样陷
入唯心史观的错误。同样的，费尔巴哈虽然将宗教归
结为它的世俗基础，但他本人并未进一步分析世俗基
础本身，没有"在实践中使之发生革命"[2]。最后，
马克思在总结新世界观与旧唯物主义的区别时强调：
"旧唯物主义的立脚点是市民社会，新唯物主义的立
脚点则是人类社会或社会的人类。"[3] 旧唯物主义不

1　《马克思恩格斯选集》第 1 卷，人民出版社 2012 年版，第
　　134 页。
2　《马克思恩格斯选集》第 1 卷，人民出版社 2012 年版，第
　　134 页。
3　《马克思恩格斯选集》第 1 卷，人民出版社 2012 年版，第
　　136 页。

懂得实践，因而无法从关系性的视角去把握主体与客体的辩证关系，看不到人的社会历史性及其历史发展，理解不了人的本质是社会关系的总和。所以，哲学的功能在经过实践范畴的中介后也发生了彻底的变革。在《关于费尔巴哈的提纲》的结尾部分，马克思写下了非常著名的那句话："哲学家们只是用不同的方式**解释**世界，问题在于**改变**世界。"[1]

在《关于费尔巴哈的提纲》中，马克思毕竟是以简明扼要的方式说明了新世界观，到了同年开始写作的《德意志意识形态》中，马克思和恩格斯从现实的个人和物质生活的生产出发，不仅清算了自己"从前的哲学信仰"，批判了费尔巴哈、施蒂纳等青年黑格尔派和当时德国流行的"真正的社会主义"，而且补充、完善了新唯物主义哲学，首次系统阐述了唯物史观的基本内容。这份文本也被看作马克思主义哲学诞生的标志之一。

在《德意志意识形态》（特别是第一章"费尔巴哈"）中，马克思和恩格斯明确指认了自己历史观的前提是"现实的个人"，是"他们的活动和他们的物质生活条件，包括他们已有的和由他们自己的活动创

1　《马克思恩格斯选集》第 1 卷，人民出版社 2012 年版，第 136 页。

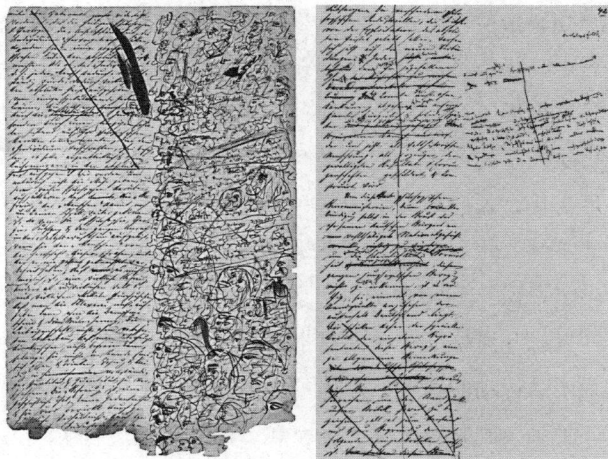

《德意志意识形态》创作于 1845 年秋至 1846 年夏，由马克思和恩格斯共同撰写。所谓德意志意识形态，指的就是包括布鲁诺·鲍威尔、施蒂纳和费尔巴哈在内的德国流行的意识形态。他们的学说抛开了对人的社会历史性的考察，本质上依旧属于马克思和恩格斯批判的思辨唯心主义范畴。《德意志意识形态》在马克思、恩格斯生前并未发表，直到 1932 年全文才第一次以德文发表。图为《德意志意识形态》部分手稿

造出来的物质生活条件"。[1]物质生产活动构成了人类社会历史存在和发展的基本前提，也正是生产活动使得人与动物区分开来。在具体考察现实的人的历史活动时，马克思和恩格斯概括总结了四个方面，即物质生活资料的生产、由新的需要所引起的再生产、人类自身的生产和社会关系的生产。在此基础上，马克

1　《马克思恩格斯选集》第 1 卷，人民出版社 2012 年版，第146 页。

思和恩格斯讨论了物质与意识的关系，强调物质决定意识，物质是意识的基础和前提。道德、宗教、哲学等意识形式都不是意识的自我规定，而是物质活动和物质关系的产物。随着人们的物质生产和物质交往发生变化，人们的思维和这些思维的产物也会或快或慢地发生变化。总之，"不是意识决定生活，而是生活决定意识"[1]。重要的是，在《德意志意识形态》中，马克思和恩格斯第一次科学地表述了生产力与生产关系矛盾运动的原理，论述了经济基础和上层建筑的辩证关系，同时对阶级、国家和革命等问题进行了较为充分的讨论。正是在《关于费尔巴哈的提纲》和《德意志意识形态》中，费尔巴哈的旧唯物主义被真正地超越了。

3. 全面地理解哲学基本问题的内涵与实质

对从事哲学研究的人来说，任何关于"什么是哲学"这个问题的答案可能都难以令人完全满意。恩格斯在《费尔巴哈论》中提出哲学基本问题后，一个多世纪以来，关于"什么是哲学基本问题""究竟存在不存在哲学基本问题"以及"思维和存在到底能否看作哲学基本问题"等争论从未真正停止。这些讨论一

1　《马克思恩格斯全集》第3卷，人民出版社1960年版，第30页。

定程度上深化了马克思主义哲学研究，但人
们容易忽略一个重要的历史因素，那就是苏
联"教科书体系"。历史地看，苏联"教科
书体系"对哲学基本问题的概括和定位，实
际上剥离了恩格斯提出这一论断的历史语境，
将哲学基本问题的内容逐渐抽象化、教条化，
造成理解上的误区，引发了后来一系列争论。
对此，我们必须强调要回归《费尔巴哈论》的
真实语境去看待这一问题，深刻理解恩格斯阐
述这一问题的真实理论旨归和历史意义。

　　以伯恩施坦为代表的修正主义者首先向
恩格斯提出的哲学基本问题发出了诘难，他们
认为恩格斯所说的"物质第一性、意识第二性"的观
点是一种"空论"和"自我批判"。后来对哲学基本
问题表述持批评态度的，包括西方资产阶级学院派的
"马克思学"，还有对苏联马克思主义持批判态度的
西方马克思主义。另外，长期受苏联"教科书体系"
影响的马克思主义学者也越来越多地质疑"教科书体
系"对哲学基本问题的阐释。这些质疑和指控，主要
是不满"教科书体系"对哲学基本问题的绝对化阐述
和过高的定位，反对用唯物主义和唯心主义来强行划
分哲学史，怀疑思维和存在的关系问题究竟是不是哲
学基本问题，又或者是认为恩格斯对哲学史的叙述与
事实不符，进而批评恩格斯背离了他和马克思共同开

爱德华·伯恩施坦
（1850—1932），德
国社会民主主义理
论家及政治家，德
国社会民主党成员，
开创了修正主义，
1872 年加入信奉马
克思主义的德国工
人政党爱森纳赫派，
代表作是 1899 年发
表的《社会主义的
前提和社会民主党
的任务》

"西方马克思主义"是指 20 世纪 20 年代以来在欧洲主要发达资本主义国家流行的一种激进哲学思潮。一般认为卢卡奇、柯尔施和葛兰西是这一思潮的创始人。图从左至右依次为卢卡奇、柯尔施和葛兰西

创的实践唯物主义立场，倒退到前马克思主义水平的机械唯物主义立场上去了。也有学者进一步追问，恩格斯提出的哲学基本问题究竟是认识论问题还是本体论问题，又或者可以从认识论和本体论两个方面分别提出哲学基本问题。中国学界 20 世纪 50 年代也围绕哲学基本问题展开了一场大讨论，艾思奇、杨献珍等

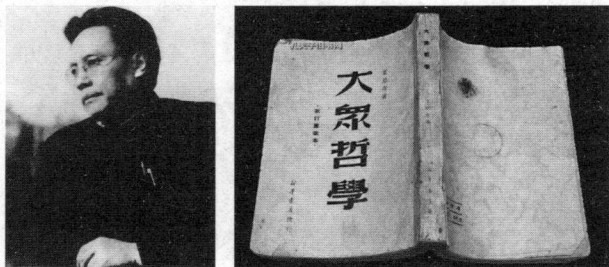

艾思奇（1910—1966），云南腾冲人，原名李生萱，蒙古族。著名马克思主义哲学家、教育家和革命家，代表作是《大众哲学》《辩证唯物主义纲要》《哲学与生活》。他一生刻苦学习，勤奋写作，立场坚定，忠于祖国和人民，为中国革命和社会主义建设事业而奋勇战斗，为在中国传播和发展马克思主义哲学理论作出了重大的贡献，被称为"人民的哲学家"

杨献珍（1896—1992），湖北十堰人。当代中国马克思主义哲学家、理论家、教育家，中共中央原高级党校党委书记兼校长，代表作有《论敌后抗日根据地的社会性质》《什么是唯物主义？》《论党性》等。在新民主主义革命时期曾两次被捕入狱，关押7年。在北平草岚子监狱关押期间，他担任狱中党支部学习干事，翻译了马列主义经典著作

马克思主义理论家参与其中。

　　为了回应这些质疑和厘清争论的起源，我们先简要地了解什么是"教科书体系"，以及它是如何叙述哲学基本问题的。所谓"教科书体系"，是指以斯大林为《联共（布）党史简明教程》第四章第二节编写的"论辩证唯物主义与历史唯物主义"为基础建构的马克思主义理论体系，它主要由米丁等青年红色哲学家建构，一般被认为是斯大林主义的哲学表现。

　　历史地看，"教科书体系"的形成有一个过程。俄国马克思主义者较早地发现和接受了恩格斯的《费尔巴哈论》。在经过了别林斯基、赫尔岑和车尔尼雪夫斯基等革命的唯物主义者之后，普列汉诺夫系统研

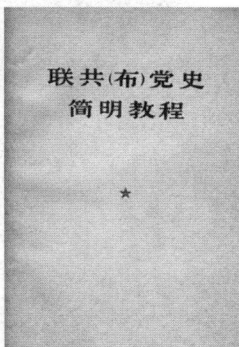

《联共（布）党史简明教程》中文版

马克·鲍里索维奇·米
丁（1901—1987），
苏联科学院院士，哲
学家

维萨里昂·格里戈里
耶维奇·别林斯基
（1811—1848），俄
国革命民主主义者，
哲学家、文学评论家

亚历山大·伊万诺维
奇·赫尔岑（1812—
1870），俄国革命民
主主义者，哲学家、
作家

究了包括《费尔巴哈论》在内的恩格斯晚年著
作，形成了"辩证唯物主义认识论"的理解模
式。而在《唯物主义和经验批判主义》中，列
宁在批判马赫主义时进一步深化和发展了哲
学基本问题的内涵，特别是对"物质"概念作
出了科学解释，提出了哲学的党性原则。

　　所谓马赫主义，也就是经验批判主义，
是一股流行于 19 世纪末至 20 世纪初的主观唯
心主义流派，其代表人物是奥地利物理学家、
哲学家恩斯特·马赫和德国哲学家理查德·阿
芬那留斯。他们利用当时以物理学为代表的自
然科学的研究成果来攻击唯物主义认识论，宣
扬一种主观唯心主义和不可知论。在俄国，这
一思潮逐渐在马克思主义阵营内部流行，对工
人运动产生了巨大的消极影响，因此必须予以
坚决批判。

　　运用马克思主义哲学基本观点，列宁揭
示了马赫主义的不可知论的本质，明确指出
辩证唯物主义与马赫主义的斗争是唯物主义
与唯心主义两条基本哲学路线的斗争在当代
的继续。他科学地定义了"物质"概念，肯
定了物质较之于感觉在认识论上的客观独立
性："物质是标志客观实在的哲学范畴，这
种客观实在是人通过感觉感知的，它不依赖

于我们的感觉而存在，为我们的感觉所复写、摄影、反映。"[1] 与此同时，列宁否定了不可知论，强调现象和自在之物之间没有任何原则的差别，差别仅仅存在于已经认识的东西和尚未认识的东西之间。而在批判马赫主义宣称自己是"超越"于唯物主义和唯心主义之上的"无党性"的观点时，列宁指明了哲学的党性原则，认为"唯物主义和唯心主义按实质来说，是两个斗争着的党派，而这种实质被冒牌学者的新名词或愚蠢的无党性所掩盖着"[2]。

1930 年以后，米丁将普列汉诺夫 – 列宁模式贯彻到底，最终完成"教科书体系"的建构，并通过斯大林的《辩证唯物主义与历史唯物主义》得到最权威的发布。自此之后，《费尔巴哈论》被赋予了非常高的理论定位，超越了恩格斯晚年的其他作品，成为"马克思主义的基本著作之一"。在苏联编辑出版的《简明哲学辞典》中，对《费尔巴哈论》的表述是这样的："恩格斯的这本书是研究

尼古拉·加夫里诺维奇·车尔尼雪夫斯基（1828—1889），俄国革命民主主义者，哲学家、文学评论家、作家

恩斯特·马赫(1838—1916)，奥地利物理学家、哲学家

理查德·海因里希·阿芬那留斯（1843—1896），德国哲学家

---

1 列宁：《唯物主义和经验批判主义》，人民出版社 2015 年版，第 126 页。

2 列宁：《唯物主义和经验批判主义》，人民出版社 2015 年版，第 378 页。

列宁《唯物主义和经验批判
主义》中文版

斯大林《辩证唯物主义与历史
唯物主义》中文版

《简明哲学辞典》
中文版

辩证唯物主义和历史唯物主义时不可缺少
的材料。"[1] 而与此同时，哲学基本问题
被看作整个马克思主义哲学的理论基础与
出发点。

　　那么，"教科书体系"对哲学基本问
题的论述存在哪些问题呢？毫无疑问，"教
科书体系"对《费尔巴哈论》的极力推崇
扩大了恩格斯这一论断在世界范围内的影
响，但在理论上对哲学基本问题的真实内
涵造成了三重扭曲。第一，它割裂了《费尔巴哈论》
与《关于费尔巴哈的提纲》和《德意志意识形态》等
文本的理论联系，因而忽视了后两者的重要理论价值。

1　[苏]罗森塔尔、尤金编：《简明哲学辞典》，生活·读书·新
　　知三联书店 1973 年版，第 563 页。

我们知道，恩格斯写作《费尔巴哈论》的一个非常重要的目的是厘清马克思主义哲学与费尔巴哈唯物主义的关系。而在历史上，这个问题早在 19 世纪 40 年代《关于费尔巴哈的提纲》和《德意志意识形态》中已经解决，但由于这两份文本长时间未能公开发表，所以恩格斯不得不写作《费尔巴哈论》来还清这份"信誉债"。到了 20 世纪 30 年代，各种版本的《德意志意识形态》陆续出现，为研究者重新审视这一问题提供了重要文本依据。然而，"教科书体系"对《费尔巴哈论》和哲学基本问题的论述压制了这种研究的可能性。第二，过度政治化的诠释导致对哲学基本问题的学术研究基本停滞。在《唯物主义和经验批判主义》中，列宁为了从根本上区分马克思主义哲学与经验批判主义的本质差别而提出了哲学的党性原则，即唯物主义和唯心主义的根本对立。但在斯大林的指导下，列宁划分理论中两条路线的这一做法被扩大为区分政治党派的原则，被过度政治化为一条无人敢触动的"高压线"。第三，在上述原因的作用下，丰富多彩的哲学史被严重简化为唯物主义和唯心主义两条路线的斗争史，忽视和扭曲了这一尺度之外的许多思想和思想家。这种"瘦身"过、与真实哲学史相悖的表述，必然导致马克思主义哲学的科学性和信誉遭受到严重损害。[1]

1　参见张亮《如何正确理解哲学基本问题的理论命意》，《广西师范大学学报（哲学社会科学版）》2013 年第 2 期。

　　有鉴于此，我们究竟应当如何客观看待哲学基本问题呢？解决问题的关键在于回归恩格斯在《费尔巴哈论》中提出哲学基本问题的真实语境。

　　从写作背景来看，《费尔巴哈论》的写作是当时恩格斯众多繁重的工作之一。上文已经说过，《费尔巴哈论》是恩格斯应《新时代》之邀回应施达克的一篇书评，它具有一定的临时性。恩格斯在这一时期实际上先后忙于推进《反杜林论》第二版的出版和《英国工人阶级状况》的英译工作，《费尔巴哈论》是在这两个工作的间隙写作而成的，谈不上是为德国工人阶级革命运动专门写的作品。因而，不必像"教科书体系"所做的那样将《费尔巴哈论》过分拔高，将其中的文字、观点和具体判断提升到绝对正确的地位。

　　从写作对象来看，作为一部具有普及性质的作品，

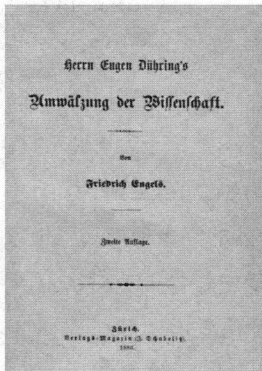

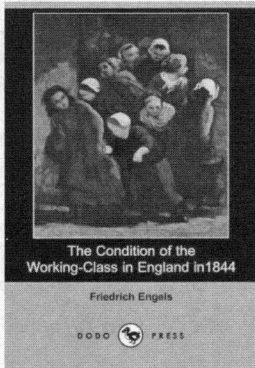

《反杜林论》1886年德文版第　　《英国工人阶级状况》英文版
二版

《费尔巴哈论》的受众主要是广大的工人
阶级群众，这也决定了《费尔巴哈论》的
叙述风格以简单明了、通俗易懂为显著特
征。不同于专业化、学术化的写作，恩格
斯更看重的是工人阶级对马克思主义的接
受，要充分考虑到读者的文化水平和接受
能力。因此，普及化、简明化与实用化是
晚期恩格斯写作的《费尔巴哈论》《反杜
林论》与《自然辩证法》等作品的特征。
其中，不仅需要对特定理论（如马克思主
义）作出经典解释，而且需要围绕受众的
生活引入鲜活的例子、融入广泛的常识，
以使得大众可以快速理解、接受。具体到
哲学基本问题，它是恩格斯在对费尔巴哈
哲学进行历史评价时提出的，具有特殊的
叙述语境。为了最大限度地向工人群众介
绍马克思主义哲学基本原理和理论，恩

《自然辩证法》中
文版

《反杜林论》中文版

格斯在《费尔巴哈论》中选择了一种简明易懂的表
达方式，但这绝不意味着恩格斯有意将哲学基本问题
庸俗化、简单化。

从行文逻辑来看，恩格斯提出哲学基本问题有其
具体的论述目标，即对费尔巴哈哲学进行重新评价。
正如前文所揭示的，马克思恩格斯其实早在《关于费
尔巴哈的提纲》和《德意志意识形态》中就完成了对

费尔巴哈等一切旧唯物主义的彻底批判，对黑格尔哲学体系瓦解后德国古典哲学的发展状况进行了全面评述。然而这两份文本当时并未公开发表。于是，当时间来到19世纪80年代时，就出现了一种新情况：一方面，黑格尔已经沦为无人理睬的"死狗"，后人对他的解释表现出越来越庸俗化的倾向；另一方面，施达克虽然沿用了费尔巴哈的思维与存在概念，但他的理解和使用是含混的，并且他默认了新康德主义对唯物主义和唯心主义两个范畴的错误解释，因而造成了更加混乱的局面。所以，当恩格斯着手以通俗易懂的方式去解释马克思主义哲学与黑格尔哲学和费尔巴哈唯物主义的关系时，一条方便之路就是提出哲学基本问题来厘清唯物主义与唯心主义的内涵，进而说明马克思提出的新唯物主义的本质。

《家庭、私有制和国家的起源》中文版　　《社会主义从空想到科学的发展》中文版

而从恩格斯自己的评价来看，《费尔巴哈论》在他晚期作品中的地位并不像"教科书体系"所拔的那么高。当有读者向恩格斯求教某些马克思主义基本理论问题时，恩格斯往往是向读者们推荐另外两部作品，即《家庭、私有制和国家的起源》和《社会主义从空想到科学的发展》，而非《费尔巴哈论》。

由此可见，我们应当具体地、历史地去看待哲学基本问题，不能将苏联"教科书体系"对哲学基本问题的论述和定位直接与恩格斯在《费尔巴哈论》中的论述和定位混为一谈，继而在理解上发生错位。要想真正理解恩格斯在《费尔巴哈论》中提出的哲学基本问题，我们还是要回到真实的创作语境，认识到这一论断的提出是有其具体的指向性的，是为了客观评价费尔巴哈哲学、厘清唯物主义科学内涵而提出的，不能像"教科书体系"那般抽象地、教条地去理解它。唯有如此，才能真正把握恩格斯在《费尔巴哈论》中提出哲学基本问题的理论命意，从而真正深化对马克思主义哲学的理解和把握。

4. 科学地处理自然辩证法与历史辩证法的关系

在《费尔巴哈论》中，恩格斯通过对黑格尔和费尔巴哈哲学的批判性说明，强调了必须将唯物主义与辩证法结合起来去认识社会历史与自然界。结合恩格斯晚年从事的一项非常重要的工作——自然辩证法研究，一些西方马克思主义者围绕马克思与恩格斯在理解辩证法上的差异，提出了自然辩证法（恩格斯）与历史辩证法（马克思）相对立的观点，认为恩格斯误解甚至歪曲了马克思对辩证法的说明。而西方"马克思学"则进一步发挥，炮制了著名的"马克思恩格斯对立论"的观点。

　　卢卡奇率先在其代表作《历史与阶级意识》中批判了忽视"人"的实践活动的自然辩证法。在他看来，唯物主义辩证法是一种革命的、改变现实的辩证法。恩格斯在包括《反杜林论》等著作中有关辩证法的论述，虽然指明了辩证法是由一个规定向另一个规定运动的过程，但对最根本的相互作用，即"历史过程中的主体和客体之间的辩证法关系连提都没有提到，更不要说把它放置于与它相称的方法论的中心地位了"[1]，模糊了辩证法这一内涵，就容易陷入对资产阶级社会现实的肯定性解释中，把人类社会历史发展规律与自然界的规律混淆起来。后来的修正主义者正是犯了这种错误，掏空了马克思主义的实践内涵。卢卡奇在批判当时马克思主义理论中出现的"自然本体论"倾向时，再次强调了马克思实践概念，强调马

1　[匈]卢卡奇：《历史与阶级意识》，杜章智等译，商务印书馆2012年版，第51页。

克思主义哲学不是自然辩证法，而是历史实践的辩证法。他认为，恩格斯错误地将辩证法直接挪用到对自然界的解释当中，其理论根源在于他错误地遵循了黑格尔哲学将辩证法运用于自然界的做法，没有真正实现主体和客体的相互作用、理论和实践的统一。

赫伯特·马尔库塞（1898—1979），著名哲学家、美学家，法兰克福学派重要代表人物之一，代表作有《理性和革命》《爱欲与文明》《单向度的人》等

此后，马尔库塞、施密特等西方马克思主义者延续了卢卡奇关于恩格斯自然辩证法的观点，认为恩格斯对马克思辩证法的误解事实上是将"人"从辩证法中抽离了出去，看不到历史主体的能动实践。相反，他们都强调马克思的历史辩证法，认为人与社会的关系不同于人与自然界的关系，前者是可以发挥人的主观能动性而加以改变的，而后者是一种认识与遵守的状况，因此，"辩证法只能限制在社会历史领域"内使用。

阿尔弗雷德·施密特（1931— ），德国哲学家、社会学家，法兰克福大学哲学和社会学教授，法兰克福学派第二代代表人物，代表作有《马克思的自然概念》《历史和结构》等

在西方"马克思学"发展过程中，悉尼·胡克借由批评恩格斯来反思苏联马克思主义，否定苏联社会主义。他分析了恩格斯在《自然辩证法》中对辩证法概念及其三大运动规律的说明后直言："恩格斯的自然辩证法从马克思的立场上后退，将辩证法重新变成了一种神话！"[1]费切尔（又译费彻尔）也提出："对

1　Sidney Hook, *Towards the Understanding of Karl Marx: A Revolutionary Interpretation,* New York: The John Day Company, 1933.

青年马克思来说，人类以外的自然是一个在哲学和实践上（对政治实践来说）都微不足道的领域。如果社会历史世界可以被理解为真正的整体，那么人与自然的关系以及自然与人的关系则仅仅构成了这个整体的一个方面；脱离这种联系而进行的孤立考察就等于意识形态的观点，而且必将是错误的。"[1] 而李希特海姆、阿温纳里等西方"马克思学"学者把这一问题继续往前推进，正式演变为"马克思恩格斯对立论"，全方位地比较马克思与恩格斯两人在生平、思想和著作等方面的差异。1970 年，吕贝尔在联邦德国乌培尔城举办的一场纪念恩格斯诞辰 150 周年的小型学术研讨会上，提交了一份西方"马克思学"关于马克思与恩格斯关系已有研究的简要说明，立刻引起了当时参会的苏联专家的激烈反应，他们以离席的方式公开表达了对这份"反恩格斯提纲"的不满。

这一事件的发生，正式将马克思恩格斯关系问题

马克西米利安·吕贝尔（1905—1996），法国哲学家，于 20 世纪 50 年代提出了"马克思学"（Marxology）这一术语。"马克思学"是指 19 世纪 90 年代以来西方发达资本主义国家的学院派学者对马克思和恩格斯生平、著作、思想的学理性研究

1　[德] 费彻尔：《马克思与马克思主义：从经济学批判到世界观》，赵玉兰译，北京师范大学出版社 2009 年版，第 182 页。

的研究推向白热化阶段。此后，美国"马克思学"学者诺曼·莱文在《可悲的骗局：马克思反对恩格斯》《辩证法内部对话》等书中阐发了马克思与恩格斯的"极端对立论"。他从自然观、历史观、辩证法和共产主义理论等多个层面论证了两人的"对立"，并把两人的思想冠以"马克思主义"和"恩格斯主义"来加以区分。在《辩证法内部对话》中，莱文直接说道："本书将主要从两种观点探讨辩证法：作为社会分析的方法和作为人类行动的指南。那些企图把辩证法和自然融为一体的人是最为有害的，他们的观点也招致了最多的谴责。"[1] 波兰学者科拉科夫斯基批评了恩格斯的"物质"概念，将后者对辩证法的理解与达尔文主义直接等同起来，指责恩格斯错误地把人类历史看作自然界普遍规律的特殊应用，并将人类思维规律机械地解释为一种纯粹大脑心理或生理上的规律。总而言之，他认为恩格斯的自然辩证法"充满了过时的例子和哲学宇宙论王国里没有根据的空论"。[2] 同样的，英国学者卡弗也宣称是恩格斯

诺曼·莱文，1931年生，著名西方"马克思学"家，在其代表作《辩证法内部对话》《不同的路径：马克思主义与恩格斯主义中的黑格尔》中提出了所谓"马克思恩格斯对立论"

特雷尔·卡弗，1946年生，英国布里斯托大学政治学系教授，代表作有《马克思与恩格斯：学术思想关系》《卡尔·马克思：文本与方法》《马克思的社会理论》《弗里德里希·恩格斯：他的生活及思想》等

1　[美]诺曼·莱文：《辩证法内部对话》，张翼星等译，云南人民出版社1997年版，第1页。

2　参见[波兰]莱泽克·科拉科夫斯基《马克思主义的主要流派》第1卷，唐少杰等译，黑龙江大学出版社2016年版，第408、415—416页。

创造了"马克思主义"的"神话",认为他"将唯物主义、唯心主义、辩证法、内在关联、矛盾及反映诸范畴强加于马克思的著作,将其重新解释为马克思主义的而非马克思的著作"[1]。

那么,我们应当如何看待和回应上述指责呢?

首先应当指出,上述西方学者对恩格斯以及自然辩证法的指责站不住脚。毫无疑问,恩格斯确实耗费了大量时间和精力关注自然辩证法的研究,但他并不是要构建一个所谓的"纯粹自然科学"。通过对《费尔巴哈论》的解读,我们看到,恩格斯理解的"自然"并不是一个完全与"社会"对立的概念,一种独立于人类社会、无法为人类所认识的东西,恰恰相反,恩格斯所说的"自然"始终是以人类实践为中介,并为人类所认识和把握的自然。恩格斯强调必须通过人类的社会历史实践去考察自然科学的发展历程,并强调自然是人类社会存在和发展的物质基础,是人类生产和生活必不可少的基本条件。他所说的辩证法实际上是一种"人与自然相互作用"的辩证法。

其次,我们必须进一步指出,所谓历史辩证法与自然辩证法的对立并不存在,而是一个人为构建的虚假结果。在马克思和恩格斯合著的《德意志意识形

---

1 [英]特雷尔·卡弗:《马克思与恩格斯:学术思想关系》,姜海波、王贵贤等译,中国人民大学出版社2008年版,第108页。

态》中，他们很清楚地表示："我们仅仅知道一门唯一的科学，即历史科学。历史可以从两方面来考察，可以把它划分为自然史和人类史。但这两方面是不可分割的；只要有人存在，自然史和人类史就彼此相互制约。"[1]就此而言，马克思和恩格斯一致认为自然史和人类史以人类实践为中介紧密联系在一起，不可以孤立地考察其中任何一方，它们共同构成了历史唯物主义的核心论域。恩格斯多次在作品中谈到自然与工商业实践之间的关系，阐述了"自然对人类的报复"等重要观点，这些无疑都体现了"人与自然相互作用"的辩证法特征。

正如苏联学者戈尔什科娃所说的那样，"恩格斯的功绩在于，他明确而彻底地克服了自然主义把历史和自然等同起来的做法，同马克思一起最早正确地理解到并揭露了历史和自然界之间存在的矛盾，指出历史过程的特性首先就在于人们的自觉的、有目的的活动。因此想把马克思主义两位创始人的观点互相对立起来，硬说什么马克思始终把存在解释为人们的社会历史活动的结果，而恩格斯似乎只是在人的实践活动之外从事对自然界本身的研究，这种企图是站不住脚的"[2]。恩格斯和马克思始终是以同一种辩证法视角

1　《马克思恩格斯选集》第1卷，人民出版社2012年版，第146页。
2　[苏]戈尔什科娃：《恩格斯和唯物史观》，载《马克思主义研究资料》第15卷，中央编译出版社2015年版，第208页。

来透视人类社会的。在《资本论》中，马克思将"现代社会的经济运动规律"视为自然规律，这些规律"以铁的必然性发生作用"，且"是既不能跳过也不能用法令取消自然的发展阶段"。[1]两人对资本主义生产方式以及由其建立的资产阶级社会的一般看法并无实质差别，马克思未否认自己所阐明的资本主义生产方式的运动规律具有"自然性质"，也无意虚构一个高于"自然辩证法"的"历史辩证法"。就此而言，"恩格斯创立和阐明的自然辩证法的理论和方法，是对马克思主义哲学的独特贡献，是伟大的哲学遗产"[2]。

再次，一个不可忽视的事实是，马克思和恩格斯都是马克思主义理论的创始人，他们存在着理论上的分工，因而在理论表达上存在客观差异。西方"马克思学"指责恩格斯创造了"马克思主义"的"神话"，然后意图夸大马克思和恩格斯思想的差异，甚至控诉恩格斯胁迫、扭曲了马克思的思想，继而提出要把马克思从"马克思主义"中解放出来。这种做法当然是错误的。作为毕生亲密的战友，恩格斯从没有将马克思的思想成果占为己有的想法。每每谈到唯物史观，恩格斯都谦虚地将之归功于马克思，强调自己"所阐

1　参见《马克思恩格斯选集》第2卷，人民出版社2012年版，第82、83页。
2　黄楠森：《马克思主义哲学史》，高等教育出版社1998年版，第118页。

述的世界观，绝大部分是由马克思确立和阐发的，而
只有极小的部分是属于我的"[1]，或者说"在某种限
度内我可以说是我们两人的"[2]。而在编辑《资本论》
不得不作出一些修改时，恩格斯也会以注释的方式予
以公开说明，明确标注这是他作出的改动。

相较于马克思更多专注于思想生产，恩格斯后来
将主要任务放在了思想传播方面。因为需要直面理论
和实践的双重挑战，恩格斯不仅要正面阐释马克思主
义学说的科学内容和性质，更要承担回应工人运动中
其他错误思潮以及更大范围挑战的任务。在马克思逝
世之后，这项任务更加繁重。从整理出版《资本论》
第二、第三卷，为工人阶级运动提供"圣经"，再到
写作《费尔巴哈论》，为《哲学的贫困》和《共产党
宣言》等马克思早期著作的各个新版作序，全面阐释
唯物史观，以及后来整理马克思已发表著作的目录，
这些工作都有力地反驳了那些污名化恩格斯的做法。

最后，在理解马克思和恩格斯关系的问题上，我
们应当抛弃西方"马克思学"的激进立场，客观公正
地看待两人的差异。从两人的生平来看，毫无疑问，
他们以革命战友的身份结下了终身的友谊，这份友谊
是由马克思和恩格斯在理论上毫不妥协的立场与态

1　《马克思恩格斯选集》第 3 卷，人民出版社 2012 年版，第
　　383 页。
2　《马克思恩格斯选集》第 4 卷，人民出版社 2012 年版，第 12 页。

度，在思想上的相互合作，在生活中的相互帮助，以及恩格斯为传播马克思思想作出的贡献所共同见证的，这也是我们理解两人关系的基本出发点。英国著名新左派学者佩里·安德森在谈及两人的伟大友谊时，无比感慨地说："他们的著作是长时期共同努力的产物，这种学术上的合作关系是迄今为止思想史上无与伦比的。"[1] 保尔·拉法格

佩里·安德森，1938年生，英国新左派代表性人物，也是当代著名马克思主义史学家、思想家和活动家，代表作有《西方马克思主义探讨》《绝对主义国家的系谱》《从古代到封建主义的过渡》等

也说："在德国，他俩的名字长时期连在一起，他们的名字将永远一起记载在史册上。马克思和恩格斯在我们的时代里实现了古代诗人所描绘的那种理想的友谊。"[2]

与此同时，我们要看到，作为两个不同的主体，马克思和恩格斯客观上一定存在着某些方面的差异。西方"马克思学"运用差异比较分析的方法研究马克思和恩格斯的思想，较之"马克思恩格斯一

保尔·拉法格（1842—1911），著名马克思主义理论家和宣传家，法国工人党与第二国际的主要创建者之一，代表作有《马克思的经济唯物主义》《宗教和资本》《唯心史观和唯物史观》《马克思的唯物主义和康德的唯心主义》等

1　[英]佩里·安德森：《西方马克思主义探讨》，高铦等译，人民出版社第1981年版，第9页。
2　[法]保尔·拉法格：《忆马克思》，载中共中央马克思恩格斯列宁斯大林著作编译局编《回忆马克思》，人民出版社2005年版，第200页。

致论"是具有进步意义的，但他们把这种客观差异夸大
为对立，这显然是不科学的。两人的出身背景、早期教
育和生活经历都有着显而易见的差异，由此也造成了知
识背景和理论兴趣的不同。如果我们进一步考察他们不
同时期思想发展进程的话，也可以看到，其实他们的思
想发展并不总是同步进行的，马克思并非总是"第一小
提琴手"。此外，马克思与恩格斯的理论兴趣和关注焦
点，以及行文风格、表达方式等方面都有不同，彰显了
他们作为独立个体的特性。美国文学家埃德蒙·威尔逊
是如此描述马克思和恩格斯的文风差别的："恩格斯的
文风显得很清晰流畅，马克思则截然不同，他经常使用
长篇大论来嘲弄他的对手，一路鞭打到底，丝毫不肯松
手。"[1]这些差异都是真实存在的，也是必然会出现的，
问题在于切不可以因此用一种有罪推定的方式扭曲、夸
大这种差异，将它在理论上包装为一种哲学原则上的根
本对立。借用列宁的话来讲："要正确评价马克思的观点，
无疑必须熟悉他最亲密的同志和合作者**弗里德里希·恩
格斯**的著作。不研读恩格斯的**全部**著作，就不可能理
解马克思主义，也不可能完整地阐述马克思主义。"[2]

---

1 Edmund Wilson, *To the Finland Station: A Study in the Writing and Acting of History,* New York: Doubleday & Company, 1940, p.180.
2 《列宁全集》第 26 卷，人民出版社 1988 年版，第 94—95 页。

五、《费尔巴哈论》的理论意义和当代价值

　　《费尔巴哈论》是一部经久不衰、常读常新的马克思主义经典著作。虽然它篇幅不大，但内容十分丰富，深刻地阐释了马克思主义哲学基本原理，厘清了马克思主义哲学与德国古典哲学的内在联系和本质区别，体现了马克思主义哲学的根本属性与革命内涵，无论在理论层面还是实践层面都具有十分重要的意义。在马克思主义发展史上，它曾发挥了重要的指南作用，极大地传播了马克思恩格斯的学说，指引一大批读者走上马克思主义道路。站在新的历史起点上，在距离《费尔巴哈论》发表已经过去 130 多年的今天，我们应当继续坚持"读原著、学原文、悟原理"，深刻把握这部经典对马克思主义基本方法和观点的论述与总结，坚持把马克思主义基本原理同中国具体实际相结合，为新时代马克思主义理论创新和实践创新打下坚实的基础。

1.《费尔巴哈论》的理论意义

阅读和理解《费尔巴哈论》，有助于我们更好地理解马克思主义的基本立场、观点和方法，真正把握马克思主义哲学的科学性和革命性，继而在根本原则上有效区分马克思主义与各种非马克思主义、反马克思主义。其中，怎样说明马克思主义哲学与以往一切旧哲学的关系，如何理解马克思主义哲学的实质与内涵，是达到这一目标的关键。马克思曾在《〈政治经济学批判〉序言》、《资本论》第二版跋等文献中概要地阐述了马克思主义哲学诞生的过程及其基本观点，在马克思逝世后，恩格斯自觉承担起了维护和传播马克思主义的重要任务，写作了包括《费尔巴哈论》

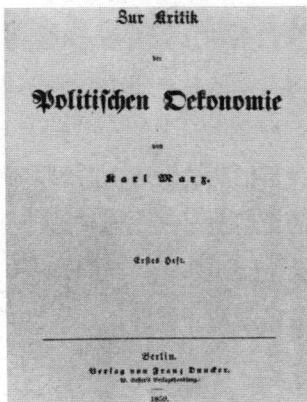

1859 年《政治经济学批判。（第一分册）》扉页　1872 年《资本论》第一卷德文第二版

在内的多部作品以回应各方的恶意攻击，以及向欧洲工人阶级继续解释和传播马克思主义。

首先，在《费尔巴哈论》中恩格斯阐明了马克思主义哲学的创立过程，不仅论述了马克思主义哲学的理论渊源，而且揭示了马克思主义哲学的自然科学基础与社会历史条件。同任何一种哲学理论形态一样，马克思主义哲学不是凭空出现的，也不是马克思恩格斯纯粹主观想象的产物。"哲学是时代精神的精华"，真正的哲学都是时代的产物，是"发展着自己的物质生产和物质交往的人们，在改变自己的这个现实的同时也改变着自己的思维和思维的产物"[1]。欧洲的双元革命——英国工业革命和法国大革命——为马克思主义的诞生提供了最为重要的社会历史背景。资本主义的产生和发展极大地推动了社会生产力的进步，深刻地改变了以往旧的生产关系和社会关系，它建构了迄今为止最为发达和最为复杂的生产组织，但也暴露了自身固有的内在矛盾，社会生产力的发展异化为狭隘的、以追逐剩余价值为目的的破坏性力量，无产阶级与资产阶级不可调和的矛盾愈发充分地暴露了出来，并上升为资本主义社会主要矛盾。与此同时，正如恩格斯在《费尔巴哈论》中强调的那样，近代自然

1　《马克思恩格斯选集》第1卷，人民出版社2012年版，第152页。

科学的发展也极大地推动了哲学思想的进步，特别是19 世纪中叶自然科学领域的"三大发现"深刻揭示了自然界的物质统一性和过程性的特征，有力破除了以往人们用臆想和想象构建事物之间联系的做法，沉重打击了唯心主义与形而上学，为人们思想的解放做好了准备。从 18 世纪到 19 世纪初期，资产阶级社会的发展及其矛盾在哲学社会科学领域得到充分体现，英国古典政治经济学、英法空想社会主义和德国古典哲学从不同方面反映了这一时期社会经济、政治和思想文化的成果，它们构成了马克思主义哲学诞生的重要理论来源。其中，德国古典哲学是探究马克思主义哲学创立和发展的最为重要的思想背景之一。《费尔巴哈论》中最为核心的问题正是阐明马克思主义哲学与德国古典哲学的关系。

借助哲学基本问题和对黑格尔与费尔巴哈哲学的深刻剖析，恩格斯为我们详细说明了马克思主义哲学如何一方面在原则上与旧哲学划清了界限，另一方面又积极吸纳了旧哲学中的合理因素与理论成果，成为黑格尔哲学体系解体后"真正结出果实的派别"。通过对黑格尔哲学和费尔巴哈哲学的双重批判，恩格斯深刻揭示了马克思主义哲学的本质特征与内在逻辑，强调必须把黑格尔哲学中的合理内核——辩证法与唯物主义的基本立场结合起来，历史地、辩证地认识和理解人类社会历史发展的一般规律。费尔巴哈强调物质较之于意识的优先性，批判了黑格尔的绝对精神只是"对世界之外的造物主的信仰的虚幻残余"[1]，然而，他对唯物主义的理解是狭隘的，并且强烈地拒斥辩证法，所以他的"半截子唯物主义"根本不懂得什么是现实的自然界和现实的人，"除了矫揉造作的爱的宗教和贫乏无力的道德以外，拿不出什么积极的东西"[2]。与之相反，黑格尔哲学虽然披着唯心主义的外衣，但在其保守的外表之下隐藏着革命性——辩证法，即不再将世界看作既成事物的集合体，而是过程的集合体，因而"彻底否定了关于人的思维和行动的一切结果具有最终性质的看法"[3]。马克思主义哲学则基于实践的观点，既坚持唯物主义面向客观事物本身的基本哲学立场，从物质活动和物质交往出发来理解人们的思想、观念和意识，又科学把握了辩证法的运动、变化和发展的基本特征，强调要具体地、历史地分析和看待自然、社会和思维的客观规律与运动过程。

其次，恩格斯进一步科学说明了人类社会历史发展的客观规律性，阐述了历史唯物主义基本原理，为

1　《马克思恩格斯选集》第4卷，人民出版社2012年版，第233—234页。

2　《马克思恩格斯选集》第4卷，人民出版社2012年版，第248页。

3　《马克思恩格斯选集》第4卷，人民出版社2012年版，第222页。

无产阶级革命的胜利提供了科学依据。恩格斯强调："历史进程是受内在的一般规律支配的。"[1] 在马克思主义哲学诞生之前，对社会历史发展规律的解释往往陷入唯心主义。主观唯心主义哲学家们往往只抓住历史发展的直接动力，即主体精神、意志的主观作用，将历史解释为一种英雄史观，并未进一步追问产生这些精神、观念、思想的真正根源是什么，因此并没有真正懂得什么是现实以及现实的人。像黑格尔等客观唯心主义者，则将历史描述为诸如绝对观念等概念范畴或其他外在精神力量运动发展的结果。而包括费尔巴哈在内的旧唯物主义者没有深入思考这一问题，他们虽然承认物质第一性，但并不能将唯物主义贯彻到历史观中，而用一种直观的、静止的、感性的方式认识和把握对象，只能从行动的动机出发解释历史，认识不到客观事物始终是处于运动、发展过程之中，处于诸多客观联系之中，所以最终还是不可避免地陷入唯心史观。故而，他们其实都看不到作为历史发展"动力的动力"，找不到认识和利用人类社会历史发展规律的正确路径，也就无从谈起实现无产阶级革命、解放全人类的伟大理想。

彻底的唯物主义历史观必然要将唯心主义从历

1　《马克思恩格斯选集》第 4 卷，人民出版社 2012 年版，第 254 页。

史这个最后的避难所驱逐出去。我们不应当像唯心主义者那样从人们的主观臆想中发明历史发展的一般规律，或依据某种哲学意识形态将某种动力强行"塞入"历史，而是应当立足于事物本身的客观联系探索历史发展规律、利用历史发展规律。历史唯物主义强调，社会物质生产是历史的发源地，应当从现实的人及其实践活动和物质生活条件出发来考察人们的精神世界以及人类社会历史。它并不排斥人们的精神动力在历史发展过程中的作用，而是强调物质力量是引起人们动机和目的的根本决定力量。恩格斯用"合力论"观点分析了个人活动与历史发展的关系，说明了社会发展史与自然发展史的区别，论述了历史发展的规律性特点，指出正是每一个追求自己目的的人的活动及其对外部世界的各种各样作用的合力构成了历史。通过追问人们的预期、目的和各种各样的精神动机背后起支配作用的更深层的动力，恩格斯基于群众史观进一步指出，"一切政治斗争都是阶级斗争，而一切争取解放的阶级斗争……归根到底都是围绕着**经济**解放进行的。……国家、政治制度是从属的东西，而市民社会、经济关系的领域是决定性的因素"[1]。在这里，恩格斯深入经济关系阐释了阶级斗争、国家和法律以

1　《马克思恩格斯选集》第 4 卷，人民出版社 2012 年版，第257—258 页。

及哲学与宗教等意识形态，阐明了资产阶级和无产阶级的产生都是社会生产力发展的产物，而且进一步辩证分析了生产力与生产关系、经济基础与上层建筑之间的矛盾运动，将它们界定为人类社会历史发展的基本矛盾，科学论证了通往社会主义的现实道路。

最后，恩格斯在《费尔巴哈论》中再次公开表明了马克思主义哲学的革命本质和无产阶级立场。马克思曾在《〈黑格尔法哲学批判〉导言》中指出哲学的发展是德国最高的发展，要将理论与群众相结合，使之成为批判的革命的物质力量。针对写作《费尔巴哈论》时德国思想界告别古典哲学、代之以"没有头脑的折中主义"的庸俗化趋势，恩格斯反其道而行，强调绝不可犯"把小孩连同洗澡水一起泼掉"的错误，而是要重拾并发扬德国古典哲学的理论批判传统与合理要素，将其与工人阶级紧密结合起来。虽然在黑格尔、费尔巴哈哲学中存在着这样或那样的缺陷，但对理论的浓厚兴趣和"毫无顾忌的精神"依旧是德国古典哲学的光荣传统。恩格斯指出："科学越是毫无顾忌和大公无私，它就越符合工人的利益和愿望。在劳动发展史中找到了理解全部社会史的锁钥的新派别，一开始就主要是面向工人阶级

1891年奥地利艺术家亨利希·肖伊画为恩格斯画了一幅肖像，肖像下面引用了恩格斯的话："德国社会主义者以我们不仅继承了圣西门、傅立叶和欧文，而且继承了康德、费希特和黑格尔而感到骄傲。德国工人运动是德国古代哲学的继承者。"前一句话引自恩格斯《社会主义从空想到科学的发展》序言，后一句话引自《费尔巴哈论》

的，并且从工人阶级那里得到了同情，这种同情是它在官方科学那里既没有寻找也没有期望过的。德国的工人运动是德国古典哲学的继承者。"[1]

马克思主义哲学坚持了唯物主义哲学立场和无产阶级政治立场，并贯彻了辩证法的基本观点，不仅实现了哲学领域内的革命，颠覆性地将哲学界定为一项面向社会历史现实本身的理论实践活动，而且通过对人类社会历史一般规律的说明和对资本主义社会的具体分析，揭示了阶级斗争在推动阶级社会发展过程中的巨大作用，科学地说明了人民群众的历史主体作用和社会主义代替资本主义的必然性，因而真正确立了群众史观，为工人阶级的实际斗争提供了科学指南。马克思主义哲学始终重视客观规律性与主观能动性相统一，强调要把对物质生产的分析与阶级和阶级斗争的分析紧密联系起来综合思考，既不能抛开生产力和生产关系的矛盾空谈阶级斗争，也不能只看到生产力与生产关系的"客观公式"，忽略阶级斗争的"主观公式"[2]，以免沦为一种机械的经济决定论。

1　《马克思恩格斯选集》第 4 卷，人民出版社 2012 年版，第265 页。

2　英国学者莱尔因认为，马克思对历史发展运动机制的描述存在着所谓"主观公式"和"客观公式"的矛盾：前者是《共产党宣言》中论述的阶级斗争观点，后者是《〈政治经济学批判〉序言》中表述的生产力与生产关系矛盾运动的观点。参见[英]莱尔因《重构历史唯物主义》，姜兴宏、刘明如译，中国社会科学出版社 1991 年版，第 24 页。

2.《费尔巴哈论》的当代价值

习近平总书记指出："马克思主义为人类社会发展进步指明了方向，是我们认识世界、把握规律、追求真理、改造世界的强大思想武器。同时，马克思主义理论不是教条，而是行动指南，必须随着实践的变化而发展。"[1]我们应当用马克思主义之"矢"去射新时代中国之"的"，在增强理解和把握马克思主义基本观点与方法的能力的同时，充分结合当代中国实际和时代特征来坚持和发展马克思主义。

作为马克思主义的经典著作，《费尔巴哈论》在当代依旧具有非常重要的价值。它为我们树立了坚持和捍卫马克思主义理论科学性与革命性的典范，彰显了唯物主义从实际出发、实事求是的思想路线。今天重新阅读《费尔巴哈论》，势必能够帮助我们在新的历史条件下更为准确地把握马克思主义科学世界观和方法论，为新时代中国特色社会主义理论与实践发展提供宝贵的思想指导。

首先，我们要坚决反对各种错误思潮，捍卫马克思主义在意识形态领域的指导地位，在实践中发展马克思主义。1848年《共产党宣言》的发表标志着马

1　《习近平谈治国理政》第四卷，外文出版社2022年版，第29—30页。

克思主义的公开问世。在这之后，针对马克思恩格斯学说的非议和攻击就从未停止。对此，马克思和恩格斯清楚地意识到，必须旗帜鲜明地同各种非科学的社会主义思潮作斗争，向广大工人阶级讲清楚马克思主义的基本内容，用科学的理论武装群众，实现从"批判的武器"向"武器的批判"的跨越。恩格斯创作《费尔巴哈论》最主要的目的之一就是回击新康德主义、新黑格尔主义等思潮对马克思主义哲学的污蔑与攻击，重新树立马克思主义的权威地位。在马克思和恩格斯逝世之后，列宁、毛泽东等马克思主义理论家、革命家坚持以马克思主义为指导，成功领导了社会主义革命，建立了无产阶级革命政权。

　　如今，在全球化、网络化的时代，网络媒介的发展扩大了信息传播范围，方便了人与人之间的信息交流，但也为历史虚无主义、新自由主义和民粹主义等思潮的传播提供了可乘之机，国内外的意识形态风险和挑战日益增多。面对这种情形，我们要更加坚定以马克思主义为党和国家的指导思想，不畏风险挑战，敢于运用马克思主义科学理论分析、辨别各种思潮的内在本质，有力回应各种非议之声，捍卫马克思主义。习近平总书记在庆祝中国共产党成立一百周年大会上的讲话中明确指出："马克思主义是我们立党立国的根本指导思想，是我们党的灵魂和旗帜。中国共产党坚持马克思主义基本原理，坚持实事求是，从中国实际出发，洞察时代大势，把握历史主动，进行艰辛探索，不断推进马克思主义中国化时代化，指导中国人民不断推进伟大社会革命。中国共产党为什么能，中国特色社会主义为什么好，归根到底是因为马克思主义行！"[1]中国共产党领导全国各族人民进行的伟大实践，证明了马克思主义是我们认识世界、把握规律、追求真理、改造世界的强大思想武器，是我们党坚定信仰信念、把握历史主动的根本所在。

马克思主义是随着时代、实践、科学发展而不断发展的开放的理论体系。实践的观点是它永远保持生命力的根本所在。对待马克思主义，不能采取教条主义的态度，也不能采取实用主义的态度，而是应该以科学的态度对待科学、以真理的精神追求真理。恩格斯曾深刻指出："马克思的整个世界观不是教义，而是方法。它提供的不是现成的教条，而是进一步研究的出发点和**供**这种研究**使用**的方法。"[2]习近平总书记进一步指出："马克思主义能不能在实践中发挥作用，关键在于能否把马克思主义基本原理同中国实际和时代特征结合起来。"[3]在实现了第一个百年奋斗目标、全力朝向全面建成社会主义现代化强国的第二个百年奋斗目标迈进的过程中，我们必须毫不动摇

---

1 《习近平谈治国理政》第四卷，外文出版社 2022 年版，第 9—10 页。
2 《马克思恩格斯选集》第 4 卷，人民出版社 2012 年版，第 664 页。
3 《习近平谈治国理政》第四卷，外文出版社 2022 年版，第 30 页。

地继续坚持以马克思主义为党和国家的指导思想，用马克思主义观察时代、把握时代、引领时代，回答中国之问、世界之问、人民之问、时代之问，把马克思主义基本原理同中国具体实际、同中华优秀传统文化相结合，认真汲取中华优秀传统文化的思想精华和道德精髓，增强马克思主义的生命力、说服力，继续发展当代中国马克思主义、21世纪马克思主义。

其次，我们要坚定唯物主义基本立场和从实际出发、实事求是的根本观点。在《共产党宣言》中，马克思指出："共产党人的理论原理，决不是以这个或那个世界改革家所发明或发现的思想、原则为根据的。"[1] 恩格斯在《费尔巴哈论》中延续了这一基本理论原则，强调唯物主义的实质正是"在理解现实世界（自然界和历史）时按照它本身在每一个不以先入为主的唯心主义怪想来对待它的人面前所呈现的那样来理解；他们决心毫不怜惜地抛弃一切同事实（从事实本身的联系而不是从幻想的联系来把握的事实）不相符合的唯心主义怪想。除此以外，唯物主义并没有别的意义"[2]。这一基本观点在方法论层面，要求我们的实践和认识必须从实际出发，实事求是。它反映

1　《马克思恩格斯选集》第 1 卷，人民出版社 2012 年版，第 413 页。
2　《马克思恩格斯选集》第 4 卷，人民出版社 2012 年版，第 249 页。

了马克思主义基本原理的要求，为我们
的认识和实践提供了科学的指导，也是
当代中国继续深化改革、最终实现社会
主义现代化的重要方法论依据。

　　实事求是，是马克思主义的根本观
点，也是中国共产党人认识世界、改造
世界的根本要求，是中国共产党人的根
本思想方法、工作方法和领导方法。历
史经验表明，中国共产党领导人民推进
中国革命、建设和改革事业不断前进、

毛泽东《改造我们
的学习》

取得胜利的重要法宝就是实事求是的工作方法。毛泽
东在《改造我们的学习》中解释了"实事求是"的内
涵："'实事'就是客观存在着的一切事物，'是'
就是客观事物的内部联系，即规律性，'求'就是我
们去研究。……不凭主观想象，不凭一时的热情，不

中央党校刻有校训"实事求是"的石碑

凭死的书本，而凭客观存在的事实，详细地占有材料，在马克思列宁主义一般原理的指导下，从这些材料中引出正确的结论。"[1] 也就是说，应用马克思列宁主义理论与方法必须秉承实事求是的工作作风，反对主观主义和本本主义，把革命气概和实际精神相结合，把马克思列宁主义与中国革命实际相结合，用马克思列宁主义之"矢"来射中国革命之"的"。

站在新的历史方位，面对新的问题，追求新的目标，我们依然要牢牢坚持实事求是的根本观点。习近平总书记强调："不论过去、现在和将来，我们都要坚持一切从实际出发，理论联系实际，在实践中检验真理和发展真理。"[2] 中国共产党过去取得的一切成就都离不开实事求是。现在我们要把中国特色社会主义事业继续推向前进，依旧要靠实事求是。根据这一要求，我们应当"清醒认识和正确把握我国仍处于并将长期处于社会主义初级阶段这个基本国情。我们推进改革发展、制定方针政策，都要牢牢立足社会主义初级阶段这个最大实际，都要充分体现这个基本国情的必然要求，坚持一切从这个基本国情出发"[3]。我国仍处于并将长期处于社会主义初级阶段的基本国情没有变，我国是世界最大的发展中国家的国际地位没

1　《毛泽东选集》第 3 卷，人民出版社 1991 年版，第 801 页。
2　《习近平谈治国理政》，外文出版社 2014 年版，第 25 页。
3　《习近平谈治国理政》，外文出版社 2014 年版，第 26 页。

有变。

与此同时，中国特色社会主义进入了新时代。一方面，我国社会主义现代化建设取得了举世瞩目的成就，社会生产力快速发展，人民生活水平显著提高，社会面貌发生翻天覆地的变化；另一方面，社会经济发展出现了新现象，面临着新问题、新挑战，改革进入"深水区"。党的十九大报告提出，我国社会主要矛盾已经转化为人民日益增长的美好生活需要和不平衡不充分的发展之间的矛盾。这一基本判断既是中国特色社会主义进入新时代的基本依据，也是迈进新发展阶段的内在依据。它在揭示了制约我国发展症结所在的同时，指明了未来深化改革的具体方向和中心任务。历史已经多次证明，只要对社会主义的中心任务判断准确，党和人民事业就会顺利发展，否则党和人民事业就会遭遇挫折。因此，我们必须继续坚持实事求是的思想方法、工作方法和领导方法，为实现中华民族伟大复兴的中国梦提供强大科学指引，保证党和人民事业沿着正确方向前进。

最后，我们要坚持运用历史唯物主义基本原理推进社会主义现代化建设。马克思和恩格斯透过纷繁复杂的社会历史现象，发现了人类社会历史发展的一般规律，指明了生产力与生产关系、经济基础与上层建筑的矛盾运动构成社会基本矛盾，科学论述了推动社会历史发展的动力，准确把握了人民群众和杰出人物在历史发展过程中的作用，为推动社会主义现代化建设提供了理论指导。

邓小平在回答"什么是社会主义、怎样建设社会主义"时强调，社会主义的本质，就是解放和发展生产力，消灭剥削，消除两极分化，最终达到共同富裕。习近平总书记多次强调，要紧紧围绕解放和发展社会生产力的核心任务推进各项改革，推动社会经济高质量发展。他在纪念马克思诞辰200周年大会上的讲话中指出："生产力是推动社会进步最活跃、最革命的要素"，"解放和发展社会生产力是社会主义的本质要求，是中国共产党人接力探索、着力解决的重大问题"。[1] 在全面建设社会主义现代化强国、实现中华民族伟大复兴的当下，最根本、最迫切的任务依旧是解放和发展社会生产力。这就要求我们牢牢抓住新一轮科技革命和产业变革的历史时机，把科技自立自强作为国家发展的战略支撑，加速科技创新，深化制度改革，大力发展以信息技术、人工智能为代表的新兴科技，促进科学技术和经济社会发展渗透融合，加快建设科技强国，实现高水平科技自立自强。

同时，我们要坚持群众史观，走好群众路线，认识到人民是历史的创造者，是真正的英雄，社会经济

1　习近平：《在纪念马克思诞辰200周年大会上的讲话》，人民出版社2018年版，第18页。

的发展归根结底是为了满足人民对美好生活的向往。古人讲："与天下同利者，天下持之；擅天下之利者，天下谋之。"(《管子》)习近平总书记也反复强调，"江山就是人民，人民就是江山"。中国共产党自觉站在无产阶级立场，坚持全心全意为人民服务的根本宗旨，贯彻以人民为中心的发展理念，强调发展为了人民，发展依靠人民，发展成果由人民共享。中国共产党始终把人民生命安全和身体健康放在第一位，始终坚持人民至上，认为民心是最大的政治。正如习近平总书记指出的那样："新的征程上，我们必须紧紧依靠人民创造历史，坚持全心全意为人民服务的根本宗旨，站稳人民立场，贯彻党的群众路线，尊重人民首创精神，践行以人民为中心的发展思想，发展全过程人民民主，维护社会公平正义，着力解决发展不平衡不充分问题和人民群众急难愁盼问题，推动人的全面发展、全体人民共同富裕取得更为明显的实质性进展！"[1]

1　《习近平谈治国理政》第四卷，外文出版社 2022 年版，第 9 页。